ゼロからはじめる

建築の[設備]教室【第2版】

原口秀昭著

彰国社

はじめに

雑学だ。雑学王選手権をやっているみたいだ。

1年間、建築設備についてイラストや文を書きつづけていて、常に思っていたことです。人類の歴史とともにある建築物、それに付属する設備も、人類の歴史とともにあります。ありとあらゆる人間の知識や知恵が、そこには集積しています。しかし、それらを集めてひとつの学問に収れんさせようとしても分散していきます。いっそのこと、百科事典的に網羅的に並べるのがよいようにも思えます。もっとも、それは建築全体にいえることですが……。

ブログ（http://plaza.rakuten.co.jp/mikao/）の記事を集めて本にした『建築の数学・物理教室』『RC造建築入門』『木造建築入門』は、おかげさまで版を重ねています。さらに韓国、台湾、中国でも翻訳本が出るまでになりました。次に編集さんから依頼されたのが建築設備でした。

建築設備といっても、とにかく幅が広すぎます。たとえば、電気設備ひとつとっても本が何冊にもなるし、ボイラーだけでもひとつの国家資格があります。空調機器の機械の中身は設備設計者にとってもブラックボックスに近いものがあります。このように、広い範囲であるためか、筆者の読んだ設備の入門書は、概論的、総論的、理論的な話が多く、実際の設計や監理に役に立つ知識、知恵からは遠く感じてしまいます。

そこで、設備の建築にからむ部分、管、ダクト、電線、機械、機器などの具体的な「もの」に集中して書いてみました。この作業で何が大変かというと、「もの」のイラストを起こす作業です。文章はごまかせても、絵はごまかせません。

自分の手元にある実施図面、各業者が出しているカタログ、インターネットで検索できる資料や映像などを見ながら、複数の専門家に教えを請いながら、手探りで絵を描いていきました。コンセントやボールタップなどはディテールがわからずに、身近なものを分解して描いたりしました。管、ケーブル類などは、ホームセンターや現場を見に行き、形を確認しました。ディテールなどにはマンガも付けて、無機質で冷たい感じにならないようにしました。

基本は、水、空気、電気。より細かくは、インフラと敷地への引き込み、給水、給湯、排水、衛生、ガス、空調、電気、消防・防災、搬送です。各項目ごとに部分から全体へ、システムや理論へと進むように

しました。理論的な話、総論的な話は、各論が終わった後に書いています。難しいと思われる理論的な部分は、最初は読みとばしてもかまいません。

各頁、各項目は、それぞれ独立していて、約3分で読める分量です。ボクシングの1R（ラウンド）です。R001などと表記しています。1R3分ずつ進んでいけば、すぐに建築設備の基本をマスターできるでしょう。

本書を1冊読むだけで、建築設備に関する基本事項をひととおり押さえられると思います。大学で建築を学ぶ際のサブテキストとして、建築士や建築設備士の試験対策の入門書として、設計や現場で必要な実務知識を得るための実務書としてお役立てください。この本が起点となって、さらに深い知識や知恵へと進まれることを望んでおります。

最後に建築設備の企画を立ち上げていただき、躊躇する筆者を励まして1冊書かせてしまった彰国社編集部の中神和彦さん、同じく企画の立ち上げから実質的な原稿整理やチェックなどの細かい編集作業をしていただいた尾関恵さんに、設備のさまざまなことを教えてくれた専門家のみなさんに、心からお礼申し上げます。ありがとうございました。

2010年1月　　　　　　　　　　　　　　　　　　　　原口秀昭

初版から10年以上経過し、節水の社会的要求からトイレの洗浄方式が旋回流に統一されつつある現況などを踏まえ、このたび改訂することになりました。改訂にあたり各部イラストや文章をよりわかりやすくなるように追加、修正し、一般化しつつある太陽光発電についての説明も増やし、大幅にバージョンアップをはかりました。みなさまの建築、設備に関する勉強の一助になれば幸いです。

2024年6月　　　　　　　　　　　　　　　　　　　　原口秀昭

も　く　じ　　　　　　　　　　　　CONTENTS

装丁＝早瀬芳文
装画＝内山良治
本文フォーマットデザイン＝鈴木陽子
編集協力＝涌井彰子

ゼロからはじめる

建築の [設備] 教室
第 2 版

Q マンホール、ハンドホールとは？

▼

A 人が通る穴やその蓋のことをマンホール（manhole）、手を入れる穴を
ハンドホール（handhole）といいます。

人（man）が通る穴（hole）だからマンホール、手（hand）が通る穴
（hole）だからハンドホールといいます。また、その穴をふさぐ蓋のこ
ともマンホール、ハンドホールということがあります。

上下水道や、ガスのマンホール、ハンドホールは、公共の道路や敷地
内に多く見られます。また、電気でもケーブルなどが地中にある場合
は、マンホールがあります。消防用の消火栓用マンホールもあります。
マンホールの蓋に、それとわかるマークが付いている場合もあれば、わ
からない場合もあります。

新築の敷地を調べるときや、中古の不動産を調べるときに、マンホー
ル、ハンドホールをチェックします。水道局、電力会社、ガス会社など
に調べに行く前に、現場でチェックできることは結構あります。

Q 道路に使うL形側溝、グレーチングとは？

▼

A 下図のように、道路の端に設置するコンクリート製のL形の浅い溝がL形側溝（そっこう）、雨水を下水管に落とすための鋼製の格子状溝蓋（みぞぶた）がグレーチングです。

アスファルトの道路では雨がたまらないように、中央が一番高く、両側が低くなっています。その両端部の縁に置くのが、L形側溝です。L形とも呼びます。溝といっても、Lの角の部分に水が流れるだけの浅い溝です。道路境界、官民境界を明確にするためのものです。

L形の外側の線が、境界となります。工事ではL形を先に設置して、その内側にアスファルトを敷いていきます。

グレーチング（**grating**）とは、鉄格子が原義ですが、日本では格子状の溝蓋を指すことが多いです。敷地内部、建築内部でも、グレーチングは使われます。

L形側溝に集められた雨は、所々にあるグレーチングから下の枡（ます）に落ち、下水管へと流されます。グレーチングは車や人が載っても曲がらない強度があり、格子の表面にすべり止めのギザギザが付けられているものもあります。

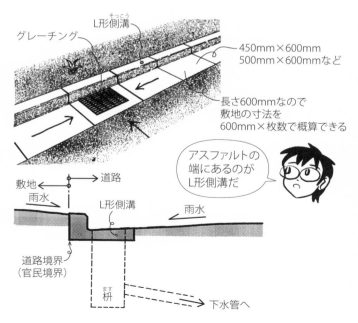

グレーチング

L形側溝（そっこう）

450mm×600mm
500mm×600mmなど

長さ600mmなので
敷地の寸法を
600mm×枚数で概算できる

アスファルトの端にあるのがL形側溝だ

敷地 ← → 道路

雨水

L形側溝

雨水

道路境界
（官民境界）

枡（ます）

→ 下水管へ

Q 道路に使うU形側溝とは？

A 下図のように、道路の端に設置するコンクリート製のU形の溝のことです。

 U形側溝には、コンクリート製の蓋をするのが普通です。人や車のタイヤが溝に落ちないようにするためです。

　その蓋には手が掛けられるように、蓋の端に小さな穴をあけます。雨水はその穴から溝へ落ちます。穴だけでは雨水を集めるのに不十分な場合は、所々にグレーチング（格子状の蓋）を敷きます。

　道路に下水がきていない所では、敷地内の汚水を浄化槽に通して水をきれいにしてから、このU形側溝に流します。雨水と一緒にして川に流すわけです。U形側溝の外側の縁が道路境界、官民境界となります。

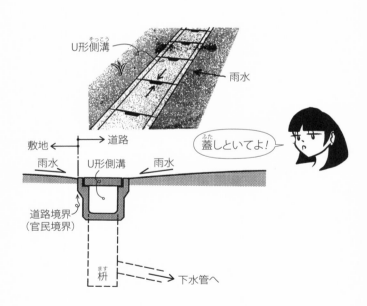

U形側溝（そっこう）

雨水

敷地 ← → 道路

雨水　U形側溝　雨水

蓋（ふた）しといてよ！

道路境界
（官民境界）

枡（ます）

下水管へ

Q 公共下水道台帳平面図からは何がわかる？

A 下図のように、下水管の種類と管径、勾配、長さ、管底高さ、枡の種類と位置などがわかります。

市役所、区役所などの下水道管理課などに、下水管、枡などの位置を示した公共下水道台帳が置かれています。

　下図は分流式の例です。分流式とは、雨水とその他の汚水を別にする下水のこと、合流式とは、雨水とその他の汚水を一緒にする下水のことです。

　建物から出た水は、敷地内の雨水枡、汚水枡に集め、そこから道路下の下水管へとつなぎます。枡とは、水を合流分岐したり、一時ためたり、排水管を詰まらせるような物を沈殿させたり、空気を入れて流れやすくしたりする箱状の装置です。

　街渠（がいきょ）とは、L形側溝、U形側溝などの道路脇に設ける側溝のこと、街渠雨水枡とは、溝から下水管へと流す際に枡にいったん集めますが、その雨水を集める枡のことです。

　川の氾濫を防ぐために、敷地内で雨水を浸透させなければならない所もあります。その場合は、浸透枡を使います。

1

設備インフラ

公共下水道台帳平面図

　　　　管径（mm）　勾配　長さ（mm）　　　敷地内の
　　　　　　　　　　　　　　　　　　　　　接続枡
円形管　⊙300　9.2%　14.5　　　　　汚水・雨水
　　　　　52.10　　　　52.35

　　　　　　　管底高さ（cm）　　　　　　分流雨水管

　●⊗　　　　　　　　　　　●⊗

　　　　　　　　　　　　　　　　　　　　　　道路

　　　接続枡　　　　　　　　　街渠雨水枡

　　　　　　　分流汚水管

Q 水道局の水道配管平面図では何がわかる？

A 下図のように、水道管の口径、位置、各敷地への引込みなどがわかります。

道路の下を通る水道管から、建物内に水道管を引き込む場合、いったん<u>止水栓</u>（しすいせん）を通します。そこで水を止めたり流したりするわけです。止水栓がないと水が出っ放しになってしまうので、水道工事もまともにできません。止水栓→水道メーター→建物内へとつなぎます。

水道管本体にも、あちこちに止水栓があります。敷地への引込み工事や、水道管本体の工事をする場合、そのエリアの水をいったん止める必要があるからです。

<u>直結式</u>とは、受水槽などを介さずに建物内の蛇口などに直結させる方式です。2階建て程度の建物ならば、直結式とします。

直結式に対して、受水槽式などがあります。受水槽というタンクにいったん水をためておいて、そこから水をポンプで上へ押し上げます。3階建て以上では、受水槽式とすることが多いです。

直結式か受水槽式かは、地盤の高低、水道の口径、水圧などで決まります。2階建てでも、受水槽を設けることがあります。実際に直結で水が上がっても、受水槽式にするようにと指導されることもあります。枝道などで水道管が細い場合、途中で水圧を強めるポンプ（<u>ブースターポンプ</u>）を入れることもあります。

駐車場などに使われていた更地の場合、水道管が引き込まれていないこともあります。現場や図面などで確認する必要があります。

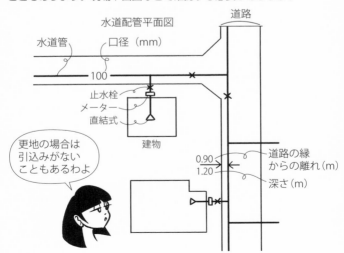

水道配管平面図

道路

水道管　　口径（mm）

——100——

止水栓
メーター
直結式

建物

更地の場合は
引込みがない
こともあるわよ

0.90
1.20

道路の縁
からの離れ（m）

深さ（m）

Q 更地に引込みがあるか否かを現場でチェックするには？

A 下図のような、ハンドホール、マンホールを探します。

地中からの引込みは、水道（上水）、下水（分流式の場合は汚水と雨水）、ガスなどがあります。電気、電話、CATV、光ケーブルなどは、普通は架空（電信柱）です。

　下水の場合は、敷地内の下水を集めて最後に下水管につなげるための最終枡などのマンホール、ハンドホールがあります。分流式の場合は、汚水と雨水の2つがあります。

　水道の場合は水道管から最初に引き込まれた所に弁があります。止水栓、止水弁、制水弁などといいます。そのように蓋に書かれていることもあります。また、水道メーターが残っている場合もあります。

　ガスも、引き込まれている場合は、仕切り弁のためのハンドホールがあります。引込み管の口径（内径）は、戸建て住宅規模では水道で13mm、20mm、25mm程度、下水で100mm程度、ガスで20mm程度です。

　このような引込みがすでにある場合は、工事費も安くすみます。引込みの料金は、数十万円単位でかかってしまいます。

　前述したように、水道局や市役所、区役所などの下水道管理課に行けば、引込みなどは図面で確認できます。ガスも、そのエリアのガス会社に行けば、どんな管がどこに埋まっているか、引込みがあるかも確認できます。このように図面と現場の両方で確認します。特に、現場での確認は重要です。引込みがない場合は、地元の免許業者に道路や電柱から引込み工事をしてもらう必要があります。

1　設備インフラ

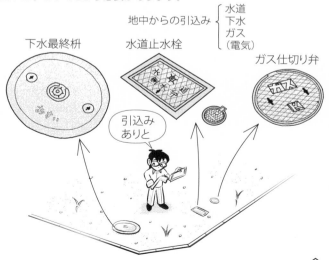

地中からの引込み ｛ 水道　下水　ガス　（電気）

下水最終枡　　　　水道止水栓　　　　　　　　　　ガス仕切り弁

引込みありと

Q 雑排水とは？

A 下図のように、洗面、キッチン、風呂、洗濯機などの排水のことです。

雑排水は排水全体から、トイレ、雨水、特殊排水を除いた、雑多な排水です。「ざつはいすい」「ざっぱいすい」「ざっぱい」などといいます。

　トイレの排水は汚水になります。汚水と雑排水は最後に一緒にされて、下水へと流されるのが普通です。

　特殊排水とは、工場や研究所などから出る、薬品や細菌などを含んだ有害な排水のことです。ここでは汚水、雑排水、雨水の3つを覚えておきましょう。

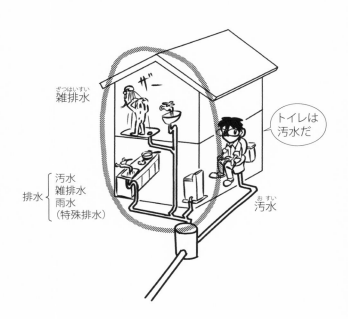

Q 分流式下水道とは？

▼

A 下図のように、「汚水＋雑排水」と「雨水」に分流する公共下水道のことです。

雨水は下水処理場（浄水場）で浄水する必要がありません。そのため、ほかの排水と分けると、処理場に入る排水の量を減らすことができます。

　風呂やキッチンの排水は、合成洗剤、石けんなどが混ざっているので、トイレの汚水と一緒にして処理場で処理します。雨水はそれらに比べてきれいな水なので、分けて流して、川や海へとそのまま流します。

　合流式下水道では、雨水も汚水＋雑排水と一緒に処理場へ入れます。

1

設備インフラ

雨水は別の場合が多いよ

雨水

汚水+雑排水

分流式雨水管

分流式汚水管

→ 川や海へ

→ 下水処理場へ

Q 下水管がきていない場合はどうやって排水する？

▼

A 下図のように、雨水はそのまま、汚水＋雑排水は浄化槽を通してからU形側溝などに流します。

　下水管がきていない所では、普通はU形側溝などの溝があります。排水を浄化槽できれいにしてから、その溝に流します。水路に面している場合は、その水路に流します。
　溝に流した水は、そのまま川や海に流れるので、きれいにしないといけません。決められた基準値になるまで、浄化槽で浄化します。
　浄化槽は、槽を洗ったり、微生物などを入れたりと、定期的なメンテナンスが必要となります。下水管につなぐよりも、どうしてもコストはかかってしまいます。

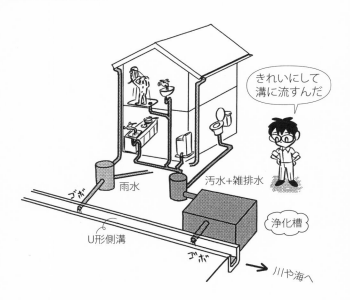

きれいにして溝に流すんだ

ブボ
雨水
汚水+雑排水
浄化槽
U形側溝
ゴボ
→ 川や海へ

Q 水道管がきていない場合はどうやって水道を引き込む？

A 下図のように、井戸を掘って井戸水を水道に使います。

まず、その井戸水が飲むのに適しているか否かを検査しなければなりません。大腸菌などの細菌、農薬や工業排水による化学物質などが含まれていないかチェックが必要です。<u>保健所の検査のほかに、自主検査があります</u>。さらに<u>浄水装置</u>（次亜塩素酸ナトリウム）を通すと、より安全な飲料水となります。

公共水道の場合は、塩素が入っています。臭いや味を嫌う人もいますが、安全な水とするには必要な処置です。井戸水の場合はいくらおいしい水でもほかのリスクも考えられるので、必ず検査してから使います。良い水質の水が地下にある場合、水道から引かずに、井戸をわざわざ掘る場合もあります。

1
設備インフラ

水道がきてない
所は井戸を掘る
こともあるよ

浄化装置

ポンプ

井戸

Q 中水（ちゅうすい）とは？

A 下図のように、洗面の排水などをトイレ洗浄、噴水、散水、洗車などに再利用する水のことです。

中水は、上水と下水の中間的な水質の水という意味です。雑用水ともいいます。飲用などには適さない低水質の水です。下図では洗面の水をそのまま再利用していますが、実際は洗剤などが混じるので、浄化槽を通すのが普通です。

　雨水を再利用した水も、中水と呼ばれることがあります。いずれにしろ、水資源を節約し、河川や浄水場などの負担を少なくするための水利用システムです。

Q ガス管がきていない場合はどうやってガスを引き込む？

A プロパンガスを入れるか、すべて電気（オール電化）にします。

都市ガスがきていない所では、<u>LPG（プロパンガス）</u>を入れます。都市ガスよりも単価が若干高めの所が多いです。導入する場合は、複数のガス業者から見積もりを取るのがよいでしょう。

　ガスの単価との相談となりますが、<u>プロパンの方が熱量が高く、災害時の復旧も早い</u>というメリットがあります。

　ガスをやめて、<u>すべて電気でまかなう「オール電化」</u>という方法もあります。給湯は安い夜間電力で沸かしてタンクにためておいて、料理はIHクッキングヒーターを使うなどです。

1
設備インフラ

Q LPGとは？

A 液化石油ガスのことで、プロパンガスとも呼ばれます。

LPGはLiquefied Petroleum Gasの略で、直訳すると液化された石油ガスです。プロパンやブタンを主成分としたガス、一般には、プロパンガスと呼ばれています。

ガス業者でボンベに小分けして、それを各戸に供給します。大型の建物や店舗などでは、大型のタンクに業者がタンクローリーで入れにくる場合もあります。

ボンベやタンクの中には、下に液体のガス、上部に気化したガスが入っています。下の液体がなくなる前に、交換しなければなりません。

炭素と水素の化合物では、炭素の個数により、メタン→エタン→プロパン→ブタンと名称が付いています。プロパン、ブタンは原子の数が多くて空気より重いのが特徴です。LPGが室内で漏れると下の方にたまるので、ガス感知器は床に近い所に付けます。

また、ガスボンベ庫にシャッターのような扉を付けて蓋をする場合は、下をあけて、ガスが中にたまらないようにします。メタンを主成分とする都市ガスは、空気より軽いので注意が必要です。

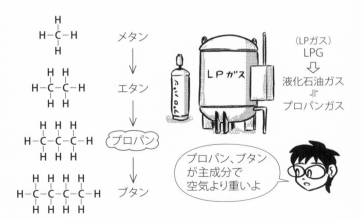

メタン

エタン

プロパン

ブタン

（LPガス）
LPG
⇩
液化石油ガス
∥
プロパンガス

プロパン、ブタンが主成分で空気より重いよ

Q 都市ガスは空気よりも重い？ 軽い？

A メタンを主成分とするため、空気よりも軽くなります。

都市ガスは空気より軽く、LPG（プロパンガス）は空気より重くなります。そのため、ガス感知器を付ける場合は、都市ガスの場合は天井付近、LPGの場合は床付近に付けます。また、メタン、エタン、プロパンは無色無臭なので、臭いを発するガスを加えて、ガス漏れに気付きやすいようにしています。

都市ガスはメタンが約90%、その他エタン、プロパンが少量混じっています。メタンは分子の大きさが小さく、質量の基準である分子量は16（12+1×4）です。プロパンは分子が大きく、分子量は44（12×3＋1×8）です。メタンは小粒、プロパンは大粒というわけです。

空気は窒素（分子量＝14×2＝28）と酸素（分子量＝16×2＝32）が4：1で混ざったものなので、平均分子量は28.8（（28×4＋32×1）／5）です。だから、メタンは空気より軽く（16＜28.8）、プロパンは空気より重く（44＞28.8）なります。

1 設備インフラ

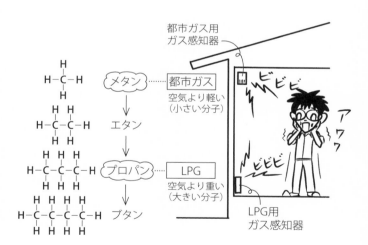

Q 都市ガスとLPG、1m³当たりの熱量はどちらが大きい?

▼

A LPGの方が大きいです。

都市ガスは1m³当たり約45MJ（メガジュール）、LPGは約100MJです。LPGの方が、約2倍の熱量を出します。

都市ガスはメタンガスが主、LPGはプロパンガスが主です。両者とも燃えると炭素と水素に分かれた後に、酸素と化合して、二酸化炭素と水になります。

メタンとプロパンでは、炭素と水素に分解するときに出されるエネルギーがかなり違います。粒の大きいプロパンの方が、多くの原子が結合していて、最初に持っているエネルギーが高く、それが分解するときに多くのエネルギーを出します。そのために、プロパンの方が熱量を多く出すわけです。

MJ（メガジュール）のM（メガ）とは、100万倍（10^6）という意味です。K（キロ）が千倍（10^3）、M（メガ）が100万倍（10^6）です。ゼロが3つずつ増える数え方です。J（ジュール）とはエネルギー、熱量、仕事量の単位です。エネルギー、熱量、仕事量は、根本的には同じです。

1Jとは、物体に1N（ニュートン）の力を加えて1m動かすのに必要なエネルギー量のことです。ニュートン、ジュール、カロリーなどの単位については、拙著『ゼロからはじめる建築の数学・物理教室』を参照してください。

メタン+α　　プロパン+α

都市ガス　　LPG
約45MJ/m³　＜　約100MJ/m³

1m³当たりの熱量はプロパンの方が倍だ!

中華料理はプロパン!

Q 13Aとは？

A 熱量の大きさ、燃焼速度による分類を表す都市ガスの規格です。

13Aの規格は、現在もっともよく使われているものです。「13」は1m³当たり約43～46MJ（メガジュール）の発熱量を表し、「A」は燃焼速度がB、Cよりも遅いことを表します。

都市ガスは、中東、東南アジアなどのガス田や油田から採取された天然ガスが主原料です。天然ガスは、体積を圧縮するために冷やして液体にして運びます。この液体にされた天然ガスが、LNG（Liquefied Natural Gas：液化天然ガス）です。

LNGタンカーで運ばれてきた天然ガスを、日本で気体に戻します。天然ガスの主成分はメタンですが、プロパンなどを少量加えて熱量を増やして都市ガスとします。都市ガスには複数の種類がありますが、今では13Aが主力になっています。

LPG（液化石油ガス）＝プロパンガスは、石油精製の段階などで出てくるプロパンを主に使っています。石油などから取り出されたプロパンを、液化して運搬しやすくしたのがLPGです。

1
設備インフラ

都市ガスの規格

熱量の区分
（大きい方）

燃焼速度の区分
（遅い方）

液化天然ガス
（LNG）
⇩ ＋プロパンなど
都市ガス
主に天然ガスから

製油施設
油田
LPG
主に石油から

Q 電柱（電信柱）に架けられている電線は？

▼

A 上から電力用の高圧ケーブル、低圧ケーブル、電話などの通信用ケーブルです。

6600Vの高圧で電気を運んできて、各所で変圧器を通して100V、200Vなどの低圧に変換して、各家庭に引き込みます。大型の建物の場合は、高圧のまま引き込むこともあります。高圧ケーブルは危険なので一番上、低圧ケーブルはその下に架けます。

　一番下にゴチャゴチャあるのが、電話用ケーブル、通信用光ケーブル、CATV用ケーブルなどです。図中の通信用ケーブルに取り付けてある黒い箱は、プラスチック製で、中にケーブルから引込み線を出す端子、ケーブルどうしの接続のための端子などが入っています。端子（線の端部を留める器具）の入った函（はこ＝箱）なので、端子函（たんしかん）と呼ばれます。

　電力会社が立てた電柱に通信用ケーブルを張る場合は、通信会社が共架料（きょうかりょう）を払って架けさせてもらうわけです。

　電柱は、都市景観を損なう悪者としてよく挙げられます。ただし、新規引込み、接続替え、災害時の復旧は早く、コストも安いという利点もあります。災害時のインフラ復旧は、大まかにはLPG→電気→水道→都市ガスの順となります。道路下に管が埋め込まれた水道、ガスは、どうしても復旧が遅くなります。人の通れる大きな共同溝にすべてを入れられればよいのですが、それもコストとの相談です。

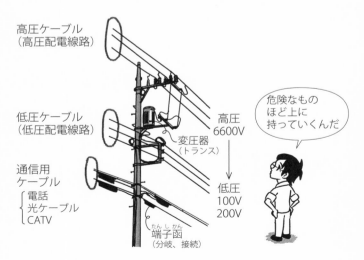

高圧ケーブル
（高圧配電線路）

低圧ケーブル
（低圧配電線路）

高圧
6600V

変圧器
（トランス）

通信用
ケーブル
{ 電話
　光ケーブル
　CATV

低圧
100V
200V

たんしかん
端子函
（分岐、接続）

危険なもの
ほど上に
持っていくんだ

Q 発電所から送電する場合、電圧を上げて送り、徐々に下げていくのは？

▼

A 電流の量を減らして、送電ケーブルの負担を少なくするためです。

電気エネルギーは、電流×電圧という式で表せます。同じ量のエネルギーを送るのに、電圧を上げると電流は少なくなります。

電流とは電気の流れる量のことです。電流が多くなると、電線を太くしなければ高熱を発してしまいます（ジュール熱といいます）。発熱を避けるには、電線を太くして抵抗を小さくしなければなりませんが、遠くの発電所から直径1mの電線を引くのは経済的ではありません。

そこで、最初に電圧を上げて大きな電気エネルギーを小さな電流で運ぶわけです。あるエリアまで送電したら、そこで電圧をいったん6600Vに下げます。エリア全体に分岐させてから、さらに各所で100V、200Vの低圧に下げます。各戸に引き込むときは、100V、200Vの低圧の電気とします。

分岐、分岐を繰り返すので、電気エネルギーもその分小さくなって、100Vにするころには電流も少なくてすみます。

建物の規模によっては、100V、200Vの低圧ではなく、6600Vの高圧のまま引き込むことがあります。その場合は敷地内に変圧器を置いて、100V、200Vの低圧にすることになります。

1

設備インフラ

Q 電気はなぜ交流で送られてくる？

A 発電所の発電機の仕組みによって交流がつくられ、そのまま送られるからです。

磁石のN極とS極の間に電線を走らせると、電流が発生します。N極からS極への磁石の力を磁力線で表すとすると、その磁力線を垂直に電線が横切る際に、電気が発生します。誘導電流などと呼ばれます。

電線を直線状に走らせて電気をつくろうとすると、磁石をずらりと並べて、その中に電線を走らせることになります。直線状に走らせると、すぐに発電所の壁にぶつかってしまいます。また、磁石がいくらあっても足りません。そこで、電線を磁石の中で回転させる工夫をします。電線も1本では効率が悪いので、束にして（コイルにして）回転させます。

磁力線の中で電線を回転させたのが交流のはじまりです。下図のように電線を回転させると、磁力線を多く切る所（左図）、ほとんど切らない所（中央の図）が出てきます。そればかりか、逆方向に切る所（右図）もあります。コイルを回転してつくられた電気は、方向が定期的に入れ替わる交流となります。電圧や電流を縦軸、時間を横軸にすると、きれいなサインカーブを描きます。

交流は、富士川、糸魚川を境にして東では1秒間に50回、西では60回、方向が入れ替わります。この1秒間に入れ替わる回数を振動数とか周波数といい、50Hz（ヘルツ）、60Hzと呼びます。周波数が違うのは、明治期に発電機を輸入した際、輸入した国によって方式が違ったからです。交流のメリットは発電しやすいばかりでなく、変圧しやすいことも挙げられます。前項のように、末端まで送電するには、各所で変圧する必要があります。交流では、その変圧はコイルを使って簡単にできます。

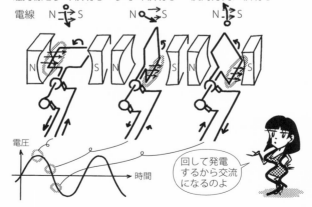

磁力線を多く横切る　少なく横切る　反対方向に横切る

電線　N → S　　　N → S　　　N → S

電圧

時間

回して発電するから交流になるのよ

Q AC、DCとは？

A ACとはAlternating Current（オルタネイティング・カレント）の略で交流のこと、DCとはDirect Current（ダイレクト・カレント）の略で直流のことです。

ACのAlternating Currentは直訳すると入れ替わる流れ、DCのDirect Currentは直線的な流れです。それを言い換えて、交流、直流としたわけです。

100Vのコンセントは交流でAC、電池で動くラジオなどは直流でDCです。コンセントから電気を取り出して、12V（ボルト）などの直流に変えて電気製品などを動かすのが、AC電源（ACアダプタ）です。

交流は下図のように、電圧はプラスマイナスを繰り返しているので、100Vといっても頂点の位置が100Vではありません。100Vの交流の電圧は、最大・最小値は±141Vとなります。では、どこで100Vというかというと、100Vの直流と同じエネルギー（電力）の交流を100Vと決めています。それを交流の実効値といいます。

発電所から出た電気エネルギーは、一瞬にして末端まで届きます。そのスピードは光速に近いものです。ただし電線内部の電子は、それに比べれば虫の歩くようなスピードで動いています。これはいくら考えても、とても不思議なことです。

電線に電圧をかけると、直流では電子はいっせいに一方向に動きます。交流では電子は右にいっせいに動いたかと思うと、次は左にいっせいに動きます。1秒間に50回とか60回、往復振動するので、とてもせわしなく振動していることになります。

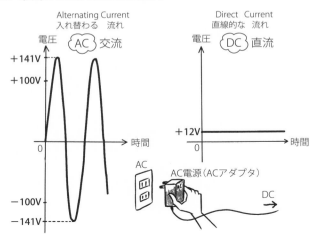

Q 3相交流とは？

A 下図のように、120°ずつ位相がずれて送られる交流のことです。

磁石の内部で一方向だけのコイルを回転させると、コイルの動きが磁力線と平行になるときは、電気が発生しません。せっかく回転させるのですから、もっと効率よく電気をつくりたいと改造を繰り返して行き着いたのが、コイルを120°ずつ回転させて配置するという工夫です。

この120°という角度は、波動とか振動の分野では、位相（いそう）といいます。位相が120°ずれているなどと表現します。

3個のコイルには、本来はそれぞれ2本ずつ電線が付きます。3個のコイルそれぞれに違う交流が発生するからです。しかし、コイル1個に2本の電線だと、3個のコイルに6本の電線が必要になります。

ここで3個のコイルの片方を、合わせて結んでみます。すると120°ずつずれているために、電圧は合計すると0になります。偶然ではなく、そのように工夫したわけです。実際は結んだ線をさらに地面につないでアース（earth）します。

このように結線すると、下図にある点線の部分に電線があるのと同じ効果になります。よって、電線は3本ですみます。このようなコイルと配線の結線方式を、スター結線、Y結線などといいます。このほかにも結線の方法はあります。

3つの位相でやってくる交流だから3相交流です。電線を3本使うので、3相3線式ともいいます。また、3相を記号で3φ（ファイ）と書くこともあります。ここでのφは、角度を意味します。

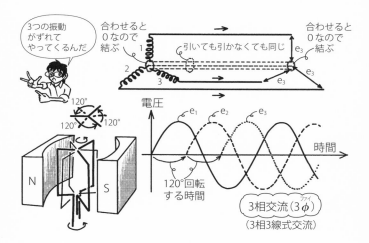

Q 3相交流を動力用電源と呼ぶのは？

A 電動機（モーター）を回すのに適した電流だからです。

3相交流は、少しずつずれた（位相が120°ずれた）振動で送られてくる3つの交流電流のことです。この3つの電流に対応させた電磁石（コイル＋鉄芯）を、120°ずつ回転させて配置します。

そして、3つの電流をそれぞれの電磁石に流すと、各電磁石を流れる電流は、強くなったり、弱くなったり、反対向きになったりします。その電流の変化に応じて磁力の矢印（ベクトル）が、長くなったり、短くなったり、反対向きになったりします。

3つの電磁石による磁力の合計（合力）は、その矢印（ベクトル）の和となります。電磁石による磁力の和は、結果的に、グルグルと回ることになります。そのグルグルと回る磁力の中に針金の輪を置くと、その磁力の影響を受けて、やはり回りはじめます。針金の輪は1本よりも多い方が力を受けやすいので、下図のような金属のかごを入れます。これが交流電動機（モーター）の原理です。

3相交流は、大きなモーターを回すのに有利です。単相交流でも小さなモーターは回せますが効率は落ちます。このことから、3相交流は動力、動力電源などと呼ばれます。

3相交流（3相3線式交流、3φ）→動力

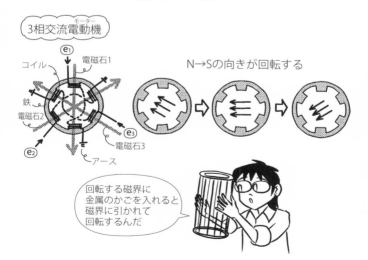

3相交流電動機 モーター

コイル　電磁石1　(e₁)　鉄　電磁石2　(e₂)　(e₃)　電磁石3　アース

N→Sの向きが回転する

回転する磁界に金属のかごを入れると磁界に引かれて回転するんだ

1 設備インフラ

Q 単相交流を電灯用電源と呼ぶのは?

A 3相交流は動力によく使うのに対して、単相交流は主に電灯などに使うからです。

◆ 戸建住宅に引き込む電気は、ほとんどが単相交流です。高圧の3相交流を1相にしてから引き込みます。各住宅では、電灯ばかりでなく、クーラー、換気扇などの電動機=モーターも回します。しかし、3相交流用（動力電源用）モーターほどの力はありません。

単相交流を電灯、電灯電力、電灯用電源などと呼ぶのは、3相交流に対応した用語だからです。単相交流は一般住宅などで使われ、3相交流は工場や大型施設などの、大型モーターなどを使うための電源です。

    単相交流（1φ）100V/200V → 電灯
    3相交流（3φ）200V   → 動力

発電所→送電線（鉄塔）→配電線（電信柱）と送られてくるときは、すべて3相交流です。段階的に電圧は落とされます。

敷地に引き込まれる際は、電圧は電信柱の変圧器で変圧されて、単相交流（電灯）は100Vまたは200V、3相交流（動力）は200Vとされて引き込まれます（動力引込み）。6600Vの高圧で引き込まれた（高圧引込み）場合は、敷地内の変圧器で、100Vまたは200Vの電灯電源、動力電源に変換されます。

    高圧引込み→6600V、3相交流を単相（電灯）100V/200V、3相
              （動力）200Vに変換
    動力引込み→200V、3相交流をそのまま使用
    単相引込み→100V/200V、単相交流をそのまま使用（一般家庭）

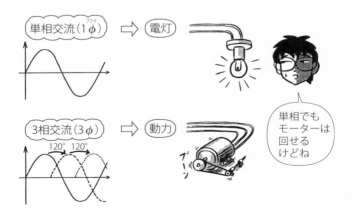

単相交流（1φ） ⇨ 電灯

3相交流（3φ） ⇨ 動力
120° 120°

単相でも
モーターは
回せる
けどね

Q 単相3線式とは？

A 下図のように、100Vと200Vのどちらでも取れるように工夫された電気の引込み方法です。

 単相交流の場合は、普通は2本の電線です。一般家庭内での配線も、2本ずつの電線となります。

　100Vを2本の電線、200Vを2本の電線とすると、両方の電圧を使うかもしれない場合、4本の電線を引き込まなければなりません。それを3本ですむように工夫したのが、単相3線式です。

　3本のうち、1本は地面につながれて（アースされ）、電位がゼロにされています。中性線とも呼ばれます。電位ゼロとは、標高でいう海面、高さの基準点です。

　中性線から100V上に1本、100V下に1本の電線で、計3本とします。100Vと0Vを結ぶと100Vの電気、100Vと－100Vを結ぶと200Vの電気が取り出せます。引き込まれた3本の電線の結び方で、100Vにも200Vにも使えるわけです。標高差＝高さで、電位差＝電圧といってもよいでしょう。

　その結び替えは、引き込まれて最初に入る分電盤（電気を分ける役目の盤 R279、280）の中で行われます。200Vの電気器具は、大型のクーラーや乾燥機などがあります。後から200Vに変更することも可能です。

　一般家庭への電気の引込みは、この単相3線式がほとんどです。古い家屋や200Vを使う予定がまったくない場合は、単相2線式が入れられていることもあります。

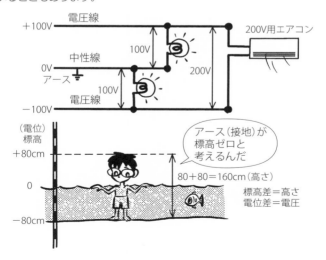

設備インフラ

Q キュービクルとは？

A 電力会社から6600Vの高圧で受電して、100V、200Vの低圧に変圧するための、鋼製の箱に入れられた高圧受変電設備です。

キュービクル（cubicle）は、寮などの狭い寝室が原義です。そこから、コンパクトに鋼製ボックス内にまとめられた受変電設備のことを、キュービクルというようになりました。いわば、鉄の箱に入った変電所です。

以前は、電気室をつくって変圧器などを入れていましたが、最近ではキュービクルが一般的です。大型のマンション、ビル、中小の工場などは、ほとんどが高圧受電してキュービクルで低圧にしています。キュービクルには、屋上や地面などの屋外用、地下室などの屋内用があります。

電信柱の一番上に架かる3相3線式6600Vの電気を引き込みます。高圧のまま引き込むので、高圧引込みといいます。引き込んだ後にキュービクルに入れて、低圧の電灯用と動力用に変えられ、敷地内で使われます。

（高圧引込み）
3相3線式6600V→ { （電灯用）単相3線式100V/200V
　　　　　　　　　{ （動力用）3相3線式200V

50kW（キロワット）程度以上の大きな電力を使う場合は、高圧で引き込んだ方が、電気代も安くなります。また、電力会社から高圧引込みを要求されます。キュービクルは、資格（電気主任技術者）を持った人に、定期的に点検してもらう必要があります。

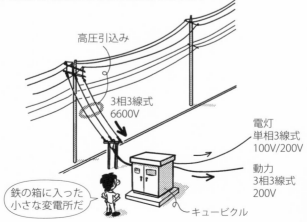

高圧引込み

3相3線式
6600V

電灯
単相3線式
100V/200V

動力
3相3線式
200V

鉄の箱に入った
小さな変電所だ

キュービクル

Q ピラーボックスとは？

▼

A 高圧引込み線の開閉器を入れる鋼製の箱です。

ピラーボックス（pillar box）のpillarは柱のことで、pillar boxは円筒形の赤い郵便ポストが原義です。電気工事でピラーボックスといえば、下図のような道路際に立てる鋼製の箱のことをいいます。高圧キャビネットともいいます。キャビネット（cabinet）とはタンス、整理棚のような箱状のものを指します。高圧受電するための箱なので、高圧キャビネットです。

　電線が地中に埋められている場合は、最初にピラーボックスを通します。中には開閉器があり、水道の止水栓やガスの仕切り弁のような役割を担います。開閉器とは大型のスイッチです。スイッチ（switch）は開閉器一般を指します。しかし、開閉器といった場合は高圧のもの、スイッチといった場合は簡単な低圧のものを指すのが一般的です。

　ピラーボックスを出た高圧ケーブルは、キュービクルへとつながり、そこで変電して低圧にします。ピラーボックスの下には、コンクリートの小さな部屋をつくり、高圧ケーブルのメンテナンスができるようにするのが普通です。ピラーボックスの前にマンホールをよく見かけるのは、その小部屋への入り口です。

1

設備インフラ

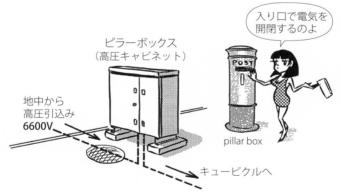

入り口で電気を
開閉するのよ

ピラーボックス
（高圧キャビネット）

POST

地中から
高圧引込み
6600V

pillar box

キュービクルへ

Q 引込み柱（ちゅう）とは？

A 電気を架空引込みするときに、電線を建物に留めるのではなく、敷地内に柱を立てて留めることがありますが、その柱のことです。

架空引込みする際には、コストの点から建物に直接留めるのが、一般家庭では普通です。しかし、美観上は好ましくありません。そのため、敷地内に引込み柱を立てて、電線をそこでいったん受けて、地中を通して建物まで持っていきます。自前の電信柱というわけです。

　地中を通さずに、引込み柱から架空で持ってくる場合もあります。建物の見えにくい方に引くわけです。引込み柱を使うと、建物側にゴチャゴチャとした線が付かず、見た目がかなりすっきりします。

　高圧でも低圧でも、引込み柱は使います。電話線、CATVのケーブルなども、引込み柱を使うことがあります。また、引込み柱に、TVアンテナ、BSアンテナなどを同時に付けることもあります。敷地内に立てる柱なので、オーナーの自由に使えるわけです。

　架空で電線を引く場合は、受ける側にがいし（碍子）を使います。電気を通しにくい（絶縁する）磁器製のもので、表面にひだがあって雨水が下に落ちやすく、電線を伝わりにくくしています。がいしは電信柱、高圧鉄塔など、あちこちで見ることができます。昔は屋内配線でも、がいしが使われていました。

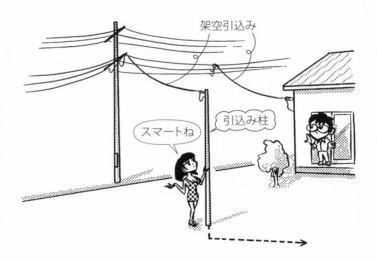

架空引込み

スマートね

引込み柱

Q 建築で使う油（オイル）は？

A 主にA重油と灯油を使います。

原油は、下図のように分留（ぶんりゅう：液体を各成分に分離すること）します。原油を加熱して気体の蒸気にし、分留する塔に入れます。分留する塔は、上に行くほど低温になります。各油は、液体になる温度（沸点）が違います。高温で液体になる油は塔の下から出てきて、低温で液体になる油は上の方から出てきます。最後まで液体にならないガスが頂上から出てきます。

　こうやって、下からアスファルト、重油、軽油、灯油、ナフサ（ガソリン）、ガスと分留されるわけです。建築では、暖房、給湯、ボイラー、発電などで主にA重油、灯油が使われます。

　重油のA、B、Cは、成分などで決められています。トラックの軽油と、農業、漁業用に使うA重油は、成分としてはかなり近いものです。化学的ではなく、制度的な区分に近いといえます。軽油とA重油では、税金がまったく違ってきます。

1
設備インフラ

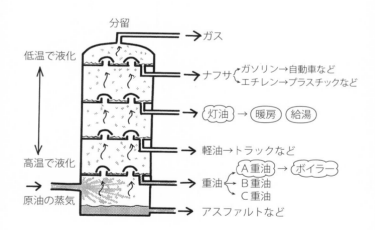

Q 白灯油とは？

A 一般に使われている1号灯油のことです。

ランプ（灯火器）に使われる油だから灯油と呼ばれるようになりました。その灯油には2種類あり、不純物が少ない無色透明の白灯油、精製度の低い茶灯油に分けられます。白灯油は1号灯油、茶灯油は2号灯油が正式名称です。今では白灯油が一般的です。建築設備に使う灯油も、白灯油です。単に灯油と書かれていても、それは1号灯油＝白灯油のことです。

　似たような名に、白ガソリン（白ガス）、赤ガソリン（赤ガス）があります。一般に、自動車燃料として使われるのが、灯油と間違えられないように赤い色が付けられた赤ガソリン（赤ガス）です。一方、白ガソリンは不純物がかなり取り除かれたガソリンで、機械部品の洗浄やキャンプ用の小型コンロなどに使われます。

ランプの灯火
の油だから灯油

白灯油…一般的
（1号灯油）
茶灯油
（2号灯油）

Q 都市部でボイラを使う場合、灯油とA重油、どちらを使う？

A 排気ガスのきれいな灯油を使います。

 A重油を燃焼させると、硫黄や窒素の酸化物が出ます。都市部に設置されたボイラなどでは、不純物の多いA重油が使えないこともあります。
A重油は、郊外に設置されたボイラ、農業機械や漁船などのディーゼルエンジンなどに使います。建築設備用の油は灯油とA重油ですが、都市部は灯油に限定され、使える所に制限があるので注意が必要です。

1

設備インフラ

硫黄酸化物

SO_2

NO

NOx…窒素酸化物

NO_2

重油

都市部では重油
じゃなくて灯油！

ゴホゴホ

Q 止水栓（しすいせん）とは？

▼

A 給水引込み管などに付ける、給水を止めたり、制限したりするための弁です。

　水道を引き込む場合、まずは止水栓を通します。ここで水を仕切るわけです。量水器（メーター）の前に付けます。

　図面では、下図のように、三角形を2つ組み合わせた記号を使います。この記号は、弁（valve：バルブ）全般に使われます。この記号の横に、「止水栓40（BOX付）」と、弁が止水栓であること、給水管の口径が40、ハンドホールのボックス付きであることなどを文字で記しておきます。

　止水栓のハンドホールの蓋には、「水」や「バルブ」などと書かれています。止水栓を締めると建物全体の水が止まり、敷地内で水道工事ができます。水栓のパッキンを交換する場合も止水栓を閉じてから行います。うっかり止水栓を閉めるのを忘れると、水びたしになります。なお量水器のボックス内にも、止水栓は付いています（次頁）。

　上水給水管は、図面では1点鎖線で描きます。道路境界、隣地境界、壁芯などの建築図も1点鎖線です。雑用水（中水）の給水管は、2点鎖線で描きます。

　量水器の記号は、Mを四角で囲います。メーター（meter）のMです。ちなみにmeterは、長さのメートルと同じスペルです。

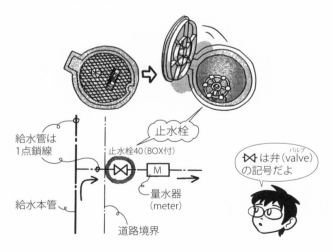

給水管は
1点鎖線

止水栓

止水栓40（BOX付）

🐙 は弁（valve）
の記号だよ
バルブ

給水本管

量水器
（meter）

道路境界

Q 量水器に止水栓が付いているのは？

A 量水器の前後で工事区分ができるようにするため、各戸ごとに水を止められるようにするためです。

敷地に引き込む際に止水栓を付けて、まずそこで敷地に入る水を仕切ります。さらに、メーターの少し手前にも止水栓を付けます。メーターの製品自体に、止水栓が付いているのが普通です。

　メーターまでの引込み工事を、建築側とは別の業者がすることがあります。各行政が指定した指定給水装置工事事業者に、工事してもらう必要があるからです。メーターで水を仕切ることができれば、工事を分けるのが簡単になります。

　たとえば3戸のアパートを考えた場合、引き込まれた水道は、3つに分岐させます。引込み部分で止水栓を付け、各戸のメーターに止水栓を付けます。ひと部屋だけ空室になった場合は、そこだけ水を止めることができます。

　アパートや寮などで、メーターを引込みのひとつだけにして、水道代（たとえば月3000円などの定額）を大家が各戸から徴収するケースもあります。その場合、メーターは引込みの所にひとつ付け、各戸には止水栓だけを付けます。

2

給水設備

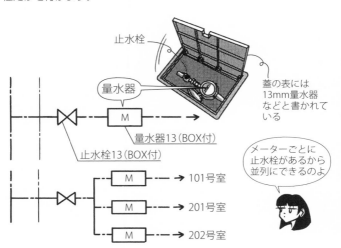

止水栓

量水器

蓋の表には
13mm量水器
などと書かれて
いる

M

量水器13（BOX付）

止水栓13（BOX付）

メーターごとに
止水栓があるから
並列にできるのよ

M ┈→ 101号室

M ┈→ 201号室

M ┈→ 202号室

Q 水道引込み管の径は、一般家庭では？

▼

A 13mm、20mm、25mm程度です。

引込み管が細い場合、同時にあちこちで使うと、水圧が弱くなることがあります。普通は13mmで大丈夫ですが、<u>水圧に不安がある場合は、20mm、25mmを引き込みます</u>。平屋の場合は13mm、2階建てで、2階にシャワーなどがある場合は20mm、1階、2階で同時にシャワーを使う場合は25mmなどとします。

　水道の水圧はそれぞれの地域により、また道の具合などで違ってくるので、最終的には水道局と相談して決めます。引込み管が太いほど、引込み料や基本料が高くなります。

太い方が水圧があるけど引込み料、基本料が高いんだ

Q 管の呼び径とは？

▼

A 管の内径に近い数字で呼ぶための呼称です。

明治時代に輸入されたのは、インチ（in）サイズの管でした。1インチは**25.4mm**とややこしい寸法です。さらに、管の肉厚は製品によってまちまちです。そのため、管を呼ぶ場合には、内径寸法を丸めた（単純化した）寸法で呼ぶようになりました。

　給水管13mm、量水器13mm、蛇口13mmといった場合は、すべて呼び径、呼称です。正確に内径が13mmある場合もありますが、そうでない場合もあります。内径約13mmの給水システムという意味合いです。

　硬質塩化ビニル管（塩ビ管、VP管、VU管）では、呼称はほぼ内径となります。鋼管の場合は、若干ずれることもあります。鋼管では、**15A**、**1/2B**などと**A**、**B**を付けて呼びます。15Aとは15mm、1/2Bとは1/2inです。

　塩ビ管、鋼管ともに、さまざまな肉厚があります。外径はさらに複雑になるので、呼称で呼ぶしかありません。

2

給水設備

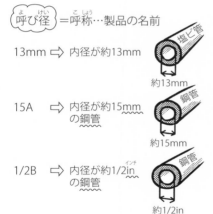

呼び径｛＝呼称…製品の名前

13mm ⇨ 内径が約13mm
約13mm（塩ビ管）

15A ⇨ 内径が約15mmの鋼管
約15mm（鋼管）

1/2B ⇨ 内径が約1/2inの鋼管
約1/2in（鋼管）

実寸が複雑だから単純な数字で呼ぶのか

【　ボ　インち　ゃん】
　　　B　　インチ

【　】内スーパー記憶術

Q VP管、VU管とは？

A 硬質ポリ塩化ビニル管（塩ビ管）の中で、肉厚の管をVP、肉薄の管を VUといいます。

Vinyl PipeからVPとしたのが最初ですが、JISの規格で、VPとVUが定められました。VUのUは、JISの略号の意味しかないようです。

呼び径40mmの場合、内径はVPでは約40mm、VUでは約44mmです。外径は同じサイズ（48mm）にされているので、同じ継手を使えるようになっています。

肉厚管のVPの方は水圧が高い場合、肉薄管のVUは水圧が低い場合に使います。給水用はVP管、一部の排水用にはVU管などと使い分けます。

VP、VUのほかに、外気温が低いときに割れやすいVPの性質を改善したHIVP（High Impact Vinyl Pipe：耐衝撃性硬質ポリ塩化ビニル管）などがあります。

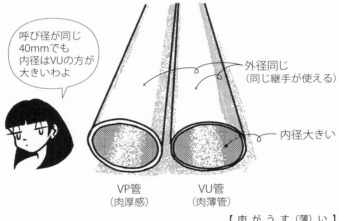

呼び径が同じ 40mmでも 内径はVUの方が 大きいわよ

外径同じ （同じ継手が使える）

内径大きい

VP管 （肉厚感）

VU管 （肉薄管）

【 肉 が う す（薄）い 】
　　　　　U

【　】内スーパー記憶術

R036 管 その3

Q 鋼管の白管と黒管とは？

A 白管は亜鉛メッキされた鋼管、黒管はメッキされていない鋼管です。

配管に使う鋼管は、配管用鋼管と呼ばれます。配管用と付けるのは、建物の構造用などの製品と区別するためです。

配管用鋼管には、炭素鋼鋼管、合金鋼鋼管、ステンレス鋼鋼管などがあります。中でも普及しているのが炭素鋼鋼管です。

水や水蒸気を通す炭素鋼鋼管では、サビを防ぐために、亜鉛メッキ鋼管が使われます。白っぽい銀色なので、白管とか白ガス管と呼ばれます。

亜鉛メッキされていない炭素鋼鋼管は、ガス管などに使われます。メッキされていない鋼そのものが黒っぽい色なので、黒管とか黒ガス管と呼ばれます。

最近では給水管、給湯管、ガス管として、ポリエチレン管、架橋（かきょう）ポリエチレン管が多く使われています。

2
給水設備

配管用炭素鋼鋼管

白管
（白ガス管）

黒管
（黒ガス管）

白い方が亜鉛メッキされた管だ

黒い方はメッキされていない管…

Q 硬質塩化ビニルライニング鋼管とは？

A 鋼管の内側に硬質塩化ビニルを付けて、サビにくくした配管用鋼管のことです。

 ライニング（**lining**）とは、洋服の裏地（を付けること）が原義です。管の裏側（内側）に何かを付けることもライニングといいます。硬質塩化ビニルライニングとは、硬質塩化ビニルを裏に付けたということです。

　硬質塩化ビニルライニング鋼管は、塩ビライニング鋼管、ライニング鋼管などとも呼ばれます。鋼管はサビやすく、給水管に使うとサビが落ちて赤水になることがあります。それを防ぐために、塩ビを内側に付けることが考えられました。

　給水管を中心に、水関係の配管として塩ビライニング鋼管は使われます。塩ビのほかに、ポリエチレンをライニングした鋼管もあります。

硬質塩化ビニル（塩ビ）　　　　　鋼管

ライニングは
裏地のこと

サビないように
塩ビをライニング
するんだ

Q SGP、SGPW、SGP-VAとは？

▼

A 炭素鋼鋼管、亜鉛メッキ鋼管、硬質塩化ビニルライニング鋼管のことです。

鉄（iron）に炭素を混ぜて粘り強くしたのが鋼（steel）です。炭素鋼鋼管は鋼管と同義です。給排水に使う鋼管は、構造用と分けるために、配管用炭素鋼鋼管のように頭に配管用と付けることもあります。

Steel Gas Pipeの略がSGPです。メッキされていない鋼管、黒管、黒ガス管のことです。鋼管に亜鉛メッキしたのが水（Water）用の鋼管ということで、SGPWという略号となります。

硬質塩化ビニルライニング鋼管は、鋼管SGPにVinylをライニングしたものなので、SGP-Vとなります。塩ビライニング鋼管も外側の仕様によって、下図のように塗装（VA）、亜鉛メッキ（VB）、塩ビ（VD）などに分かれます。

SGP：**S**teel **G**as **P**ipe
　　　炭素鋼管（黒管）

鋼

SGPW：**S**teel **G**as **P**ipe **W**ater
　　　　亜鉛メッキ鋼管（白管）

鋼
亜鉛メッキ
亜鉛メッキ

SGP-**VA**：**V**inyl **A**
　　　　　塩ビライニング鋼管（A）

鋼
塩ビ
塗装

SGP-**VB**：**V**inyl **B**
　　　　　塩ビライニング鋼管（B）

鋼
塩ビ
亜鉛メッキ

SGP-**VD**：**V**inyl **D**
　　　　　塩ビライニング鋼管（D）

鋼
塩ビ
塩ビ

Q 耐火2層管とは？

▼

A 下図のように、硬質塩化ビニル管（塩ビ管）のまわりを繊維モルタルで巻いた耐火性のある管です。

塩ビ管は火事などの高温で溶ける、軽い素材なので水の流れる音が聞こえやすい、表面が冷えて結露する、内部が凍結して破裂する、などの欠点があります。一方、サビない、くさらない、加工しやすい、コストが安いなどが塩ビ管の長所です。

　耐火2層管は塩ビ管の欠点を補うため、モルタルを巻いていますが、モルタルだけでは割れてしまうので、繊維を入れて補強してあります。ザラザラした、コンクリート表面を荒らしたような外観の管です。以前は石綿が使われていましたが、禁止されてからモルタルなどで代用されるようになりました。

　表面にモルタルがあるため、燃えにくく、音が聞こえにくく、凍結しにくく、結露しにくくなりました。耐火2層管は、商品名からトミジ管などと呼ばれることもあります。主にマンションなどの、防火区画を貫通する排水管、排水立て管などに使われます。防火区画の貫通部の管は、前後1mを不燃材料としなければならないという決まりがあるからです。

```
住宅、アパートの排水管　　→　VP
マンションの排水管　　　　→　耐火2層管（特に防火区画貫通部）
雨水管　　　　　　　　　　→　VU
```

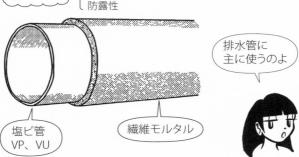

耐火2層管｛耐火性／遮音性／防露性

排水管に主に使うのよ

塩ビ管　VP、VU

繊維モルタル

Q テーパーねじとは？

▼

A 水密性、気密性が必要なねじ込み結合の際に使われる、円錐状に先が次第に細くなるねじのことです。

テーパー（taper）とは、円錐状に先が次第に細くなる形のことです。鋼管の接続の場合、平行ねじを使うだけでは、水が漏れてしまいます。管どうしのねじ込み結合の場合、ねじにテーパーを付けると水密性が上がります。先が細く、ねじ込んでいくに従って、手前が太くなっていきます。徐々に締まっていって最後にギュッとねじ込むと、水が漏れなくなります。

　差し込む側をおねじ、差し込まれる側をめねじといいます。おねじ、めねじの両方にテーパーを付ける場合と、片方だけにテーパーを付ける場合があります。

　ねじ込みだけでは水密性を確保できないので、ねじのまわりにシールテープという薄いテープを巻いたりシール剤を塗ったりしてからねじ込みます。シールテープを巻くときは、ねじ込むと締まる方向に巻きます。逆に巻くと、ねじ込むときにテープがはがれてしまいます。

　平行ねじで水密性を持たせる場合は、シールテープをテーパー状に巻きます。手前に5、6回転巻いて、先に行くほど巻き回数を減らします。シールテープで円錐状をつくってからねじ込むわけです。テーパーねじを切り込むのは大変なので、平行ねじ＋シールテープによる継手はよく行われます。

2

給水設備

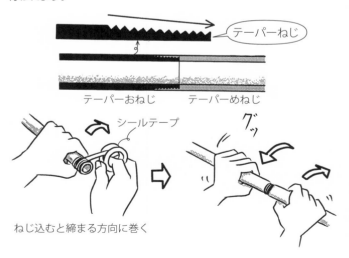

テーパーおねじ　　テーパーめねじ

シールテープ

ねじ込むと締まる方向に巻く

Q 塩化ビニル管を接合するには？

▼

A 継手に接着剤で付けます。

塩ビ管は軟らかいので、力を加えてねじ込むとねじ山が壊れてしまって、水密性の確保が難しくなります。そのため、塩ビ管どうしは接着剤で接合します。

　塩ビ管の接合部の円周全体に接着剤を付けて、継手（エルボ、チーズ、ソケットなど）に差し込みます。差し込まれる側は内部に行くほど細くなる、テーパー状になっています。テーパーの付いた接合部と接着剤とで、水密性が確保されます。

　接着剤で接合した塩ビ管は、取り外すことができません。継手の手前でノコで切断するなどして、交換します。

　　鋼管　→ ねじ込みや溶接による結合
　　塩ビ管 → 接着剤と差込みによる結合

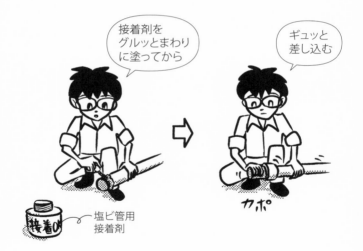

接着剤を
グルッとまわり
に塗ってから

ギュッと
差し込む

カポ

塩ビ管用
接着剤

Q エルボ、チーズ、ソケットとは？

A 下図のような、L字形、T字形、直線形の継手のことです。

<u>エルボ（elbow）とは、ひじが原義です。ひじのように曲げてつなぐ継手です。チーズは、T（tee）の形をした継手をいいます。</u>teesがなまったものと思われます。<u>ソケット（socket）は、差し込む接合部一般を指</u>しますが、配管の場合は下図のような直線状の継手の名称です。

　<u>鋼管の場合はねじ込み、硬質塩化ビニル管の場合は接着によって接合</u>します。ライニング鋼管の場合は、ねじ込みのほかに、メカニカル継手、フランジ継手などが使われます。ライニング鋼管の継手はやはり、外側が鋼管、内側が硬質塩化ビニルとなっています。

　<u>メカニカル継手とは、ねじや接着剤を使わずに、特殊な継手に差し込んだ後にボルトで留める方法です。フランジ継手とは、管の先に耳のような縁をつくり、縁と縁をボルトで留める方法です</u>（R061参照）。その他、<u>溶接、ハンダ付けによる接合</u>も行われます。

2

給水設備

90°エルボ　　　45°エルボ　　　　　チーズ　　　　　ソケット
elbow　　　　　　　　　　　　　　　tees　　　　　　socket

エルボ
はひじ

T字は
チーズ

Q 給水管に保温材（断熱材）を巻く理由は？
▼
A 凍結して管が破裂しないようにするためです。

氷は水に浮きます。氷は水よりも軽いからです。氷はもともと水からできていますが、水が氷になるときに体積が増えるからです。同じ量（質量）の水が膨張して氷になるので、同じ体積でも、氷の方が軽くなるわけです。それは分子の配列の仕方に理由があります。

　排水管はたまに水が通るだけなので問題はありません。しかし給水管は、常に水圧がかかって水が満杯の状態です。冬季にその水が凍結すると、体積が膨張して管が破裂してしまいます。それを防ぐために、給水管に保温材（断熱材）を巻くわけです。

　保温材（断熱材）には、発泡ポリエチレン、グラスウールなどが使われます。気泡を多く含み、熱が伝わりにくい材質です。

　凍結を防ぐほかに、管の表面に水滴が付くこと（結露）を防ぐ意味もあります。結露とは冷たい水が入ったコップに付く水滴と同じで、冷たい面に水滴が付く現象のことです。

氷は水に浮く

（同じ質量で）
氷の体積＞水の体積

給水管

水が氷になると体積が膨張！

Q ラッキングとは？

A 配管を被覆材で包むことです。

ラッキング（lagging）は被覆材で覆うことで、ラッギングがなまって
ラッキングと言われています。保温材で包むこともラッキングといいま
すが、保温材を巻いた後に被覆材で包むことを、ラッキングと呼ぶ傾向
にあります。

　給水管を発泡ポリエチレンなどの保温材で包んだだけでは、雨が中に
入ってしまいますし、保温材との間に隙間もできてしまいます。保温材
は、テープなどでしっかりとグルグルと巻いて、雨が入らないように、
隙間ができないようにします。

　空調室外機に冷媒管をつなぐ場合、熱が漏れないように保温材を巻い
てから、ビニルテープでラッキングします。このような簡単なラッキン
グに使うテープは、接着性のない、専用のラッキングテープです。最初
と最後だけ、ほかのテープで留めて、後はグルグルと巻くだけです。雨
が入らないように、下から上へと巻いていきます。

　発泡ポリエチレンの保温材には、最初から、外側にラッキング用のビ
ニルテープが付いている製品もあります。またラッキングは、簡単なビ
ニルテープだけでなく、プラスチック製、金属製の被覆などもありま
す。

　　　ライニング（lining）　→　管の内側に付けること
　　　ラッキング（lagging）→　管の外側を覆うこと

Q 受水槽とは？

A 水道の水をいったんためておく水槽、タンクのことです。

一般家庭では、水道本管から直結で水栓（蛇口など）まで水をつなぐのが普通です。長い私道の奥などにあって水圧が低い所は別ですが、通常は、戸建住宅では受水槽は不要です。

　一方、マンション、ビル、学校、病院などの大型の建物、3階建て以上の建物では、いったん水を受水槽にためておきます。ポンプを使うときや水を同時に使用したときに、水が切れないようにするためです。

　大型の建物、高層の建物では、ポンプで水を末端まで圧送します。タンクを付けずにポンプを直接水道管につなぐと、すぐに水が足りなくなってしまいます。

　あちこちの水栓で同時に使用した場合、水道管直結では水が足りません。同時使用時でも水が切れないように、ある程度の水を受水槽にためておくわけです。

　受水槽は文字どおり、水を受ける水槽、水道本管から水を受けてためておくための水槽です。道路下の水道本管から引いた水を、最初にためておくための水槽、タンクです。建物の上の、高い所に置く高置水槽とは区別されるのが普通です。

水道管 → 引込み管 → メーター → 受水槽 → ポンプ → 水栓

受水槽（じゅすいそう）

チョロチョロ出る湧水を池にためて、みんなで使うようなものよ

Q 受水槽を2槽式とするメリットは?

A 清掃時に1槽は清掃、1槽は使用とすることで、断水しなくてもすむことです。

受水槽は、各水道局によって、定期清掃が義務付けられています。水槽がひとつだと、清掃時に断水させるしかありません。2槽あると、1槽を清掃している間、もう1槽が使えるので断水は避けられます。

清掃時だけでなく、故障時にも助かります。1槽が故障しても、もう1槽が使えるので、断水せずに、修理することができます。2槽同時に故障することはまれなので、修理している間だけ、断水とならないよう特に気を付けます。

肺や腎臓が2つあるのと一緒で、片方が機能不全に陥っても、もう片方でなんとかしのぐことができます。清掃時、修理時にだけ片肺運転となるわけです。水槽を2個置く場合もありますが、大きな水槽の中を2つに仕切る方が経済的です。ただし、大型の建物以外では2槽式は使われていません。

同じ考え方で、ポンプは、2台以上並列するのが普通です。1台が故障しても、もう1台で水を上げられるようにするためです。普段は交互運転をして、どちらかが止まったままになるのを防ぎます。止まったままにすると、本当に動かなくなってしまうからです。ポンプの並列化は、小型の建物でも採用されています。

ちなみに、受水槽の清掃は危険を伴います。受水槽内部には塩素が充満していて、無防備に中に入るのは危険です。マンホールを開けてのぞき込む際にも、注意が必要です。また、消毒に際しても次亜塩素酸ナトリウム溶液を使うので、防護服が必要です。

2 給水設備

〔2槽式の受水槽〕

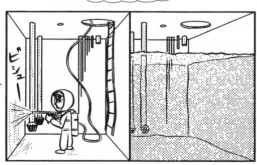

片側を掃除している間、片側を使うことができる

Q 最下階の床下のピットに水をためる受水槽は可？

A 禁止されています。

ピット（pit）とは穴、くぼみという意味です。大型の建物では、基礎梁は2〜3mと大きいものがあります。その梁と梁の間の空間を設備配管などのスペースに使おうとしたものが、地下ピット、設備ピットといわれるスペースです。

配管の横引き部分は、ピットがないと床下の地中になってしまいます。配管を替えたくても、修理したくても、床を壊さなければなりません。RC造の床スラブは、簡単には壊れませんし、また壊すにしてもその階が使えなくなってしまいます。そこで、床下に人の入れる大きなスペースをつくっておいて、配管の横引きをしようとしたのが、床下の設備ピットです。

地階がある場合は、地下水が浸入します。壁を二重にして水を床下ピットに流し、さらに1カ所の穴に集めてポンプで出します。その穴のことを湧水槽（ゆうすいそう）、釜場、排水ピットなどといいます（R063参照）。地下水が浸透するおそれがある場合、湿気が上がりやすそうな場合は、床スラブを二重にしてピットをつくるのが普通です。

このようにしてつくられたピットは、水をためておくにも便利そうです。しかし、受水槽としての利用は禁止されています。汚れた水が浸透して、水を汚染するおそれがあるからです。必ずFRP（ガラス繊維強化プラスチック）製や鋼製の独立した受水槽を使い、RC造の躯体（構造体）とは縁を切るようにしなければなりません。ちなみに消防用の水槽は、地下ピットに躯体を利用してつくることができます。

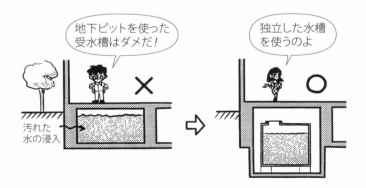

地下ピットを使った
受水槽はダメだ！

独立した水槽
を使うのよ

汚れた
水の浸入

Q 高置水槽とは？

A 建物の高い所に置かれた水槽で、重力を使って水を各所に流します。

高置水槽は中高層の建物で、屋上やペントハウス（階段室、エレベーター機械室）に置く水槽です。重力を使って水を流す（重力式給水）ので、なるべく高い位置に置いた方が有利になります。

マンションやビルなどの大型の建物では、水を同時に使用したり、大量に使用したりすることが多くあります。そんな場合にも水が切れないようにするためのものです。

高置水槽へ水を上げるには、ポンプを使います。そのポンプの手前には、受水槽を置くのが普通です。よって高置水槽を使うシステムでは、タンクが2つ必要となります。

高置水槽を使うと、たとえ停電しても、水槽内部の水がなくなるまでは水が使えます。また重力を使うので、上層階に行くほど水圧は弱くなります。

重い水槽を建物の上部に置くのは、頭を重くすることになり（ヘッドヘビー）、構造的には不利になります。質量×地震の加速度（上階ほど大きい）の力を受けるので、質量の大きい水槽は、しっかり留めていないと落下して非常に危険です。

2

給水設備

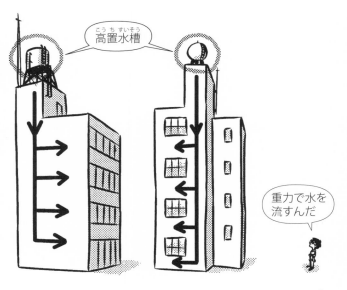

こうちすいそう
高置水槽

重力で水を
流すんだ

Q ボールタップとは？

A タンクなどに用いる、水面に浮くフロートによって開け閉めする弁です。

 ボールタップ（ball tap）のballとは、球、玉のこと、tapとは蛇口のことです。ボールタップはフロート弁（float valve）とも呼ばれます。floatとは浮く、浮いているものという意味です。

　水面に浮くボールは、フロートまたは浮子（うきこ）といいます。水面が上昇するとフロートも上がり、弁が押されて閉まる仕組みです。フロートが上がりはじめると、徐々に弁が閉まって、上がりきると完全に閉まります。フロートが上がるにつれ水量も徐々に細くなります。

　簡単な仕組みで、電気を使わずに自動で動き（自動制御）、弁の開き具合に比例して水量が変わる（比例制御）のが特徴です。水面の位置に誤差があることなどが欠点となります。

　受水槽、高置水槽、トイレの洗浄用などのタンクに広く使われています。トイレのロータンクの蓋を開けてみると、丸いフロートとその先に付けられた弁を見ることができます。

　受水槽、高置水槽などの大きな水槽では、ボールタップだけで水面の調整をするのは安全とはいえません。そのため、主弁＋副弁（パイロット弁）で調節したり、ボールタップの代わりに電磁弁＋電極棒を使ったりしています。

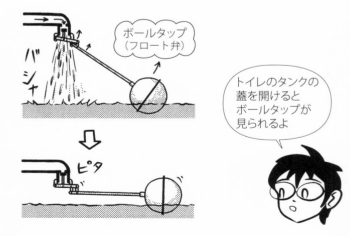

Q 定水位弁とは？

A 下図のように、主弁と副弁（パイロット弁）の組合せで、水面を一定に保つための弁です。

パイロット（**pilot**）とは案内人、先導者という意味です。パイロット弁（副弁）は、水位を測って水を先導するための弁です。パイロット弁から水が流れると、主弁がその水流を感知して開きます。パイロット弁の水が止まると、主弁も閉じます。小さな水の流れで、大きな水の流れを制御しています。

　小さな水槽ではボールタップひとつで水位を調整しますが、大きな水槽では信頼性を増すために、定水位弁を使います。主弁自体が水槽の外にあるため、保守・点検も容易となります。

　さらに信頼性を増すためには、パイロット弁をボールタップではなく、電磁弁とする必要があります。

2

給水設備

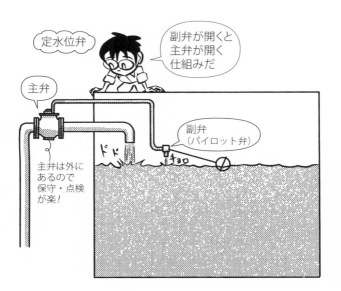

Q 電磁弁とは？

A 電磁石の働きで開閉する電気を使った弁のことです。

下図のように、定水位弁のパイロット弁にも電磁弁がよく使われます。ボールタップよりも信頼性があります。

水槽に電極棒を差して、減水警報、ポンプ運転、ポンプ停止、満水警報での水面位置を電気的に把握します。アースと各電極棒との間に、微弱電流を流しておきます。水面が下がって電極棒が水より上に出ると、電流が流れなくなります。電流が流れなくなるとスイッチがONまたはOFFする仕組みです。

この仕組みのスイッチを、液面スイッチ、液面制御リレー、水位制御リレーなどといいます。リレー（**relay**）とはリレー競技のようにバトン（電気信号）を受け取って交代（ON、OFF）する装置です。液面スイッチによって、電磁弁を開閉するわけです。「電極棒＋液面スイッチ＋電磁弁」という組合せです。

高置水槽の水面制御でも、電極棒が使われます。上にある高置水槽の水が減ると電極と液面スイッチによって、下にある揚水ポンプのスイッチがONになって水が上がります。そして一定水位になると、ポンプのスイッチがOFFとなる仕組みです。この場合は「電極棒＋液面スイッチ＋揚水ポンプ」という組合せです。

定水位弁　　液面スイッチ
副弁（パイロット弁）
電磁弁　　　電極棒
主弁　　　　満水警報
　　　　　　ポンプ停止
　　　　　　ポンプ運転
　　　　　　減水警報
　　　　　　アース

水に触れない電極には電気が流れないことを利用するのか

Q オーバフロー管とは？

A タンク、洗面器、バスタブなどで、上から水があふれ出さないように、ある水位で水を外に出すための管のことです。

容器の縁を越えて（over）流れ出す（flow）ことがオーバフロー（overflow）の原義です。オーバフロー管は、完全に容量オーバーする前に水を逃がす管のことで、外に水があふれ出ることを防ぐわけです。

オーバフロー口（くち）、オーバフロー管を指して、単にオーバフローと呼ぶこともあります。またオーバフロー管は、溢水管（いっすいかん）ともいいます。

受水槽、高置水槽でボールタップや電磁弁が故障して水がタンクからあふれ出してしまうことを予防するため、ある水位に水があふれる出口を事前につくっておきます。そのオーバフロー管は排水管につなぐことになります。

直接排水管につなぐと、下水が逆流した場合にタンクの水を汚染するおそれがあります。そこで下図のように、いったん管を離して、大気に開放した後に排水管に落ちるようにしておきます。これは間接排水と呼ばれる方法で、上水を汚染から守る重要な方法です。

    オーバフロー管　→　水が外にあふれ出るのを防ぐ
    間接排水　　　　→　下水の逆流による上水の汚染を防ぐ

2

給水設備

あふれ出さないように出口をつくっておくのか

オーバフロー管
（溢水管）（いっすい）

間接排水

下水が逆流してタンクに入らないようにしている

★ R053　水面調整　その5

Q 吐水口空間（とすいこうくうかん）とは？

A 下図のように、給水管の吐水口とあふれ縁との垂直距離です。

吐水口空間は、上水を注ぐ器具には必ず設けられています。洗面器には、上からあふれないように、オーバフローの穴があけられています。蛇口の下からオーバフローの縁や穴までが、吐水口空間となります。

　バケツに水を注ぐ場合にも、吐水口空間を取ります。バケツの中に蛇口を突っ込んで水を入れると、バケツの中の汚れた水が、蛇口の中に入ってしまう可能性があるからです。これを逆流（バックフロー：backflow）といいます。

　受水槽の吐水口とオーバフロー管の間にも、空間（この場合は排水口空間と呼ぶ）が取られます。吐水口空間、排水口空間を取って、いったん大気に開放した後に、間接的に排水するのが間接排水です。

　オーバフロー管の間接排水部分では、排水口空間が非常に重要になります。汚水管につなぐ場合、排水口空間がないと、汚水が詰まったときに、最悪受水槽まで逆流して水を汚染してしまうからです。間接排水の排水口空間には、何mm以上、径の何倍以上などの基準値が設けられています。

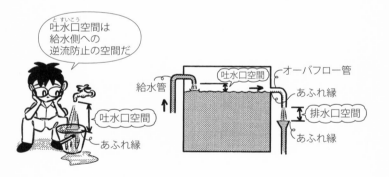

吐水口空間は給水側への逆流防止の空間だ

Q 受水槽からの配管の継手を可とう継手（かとうつぎて）とするのは？

A 地震などの際、受水槽の揺れと躯体側や地面側の揺れが違う場合に、配管が壊れないようにするためです。

可とう継手は、フレキシブルジョイント（flexible joint）、フレキシブル継手、たわみ継手とも呼ばれます。グネグネと柔軟に（フレキシブルに）動く管を使った継手です。合成ゴム、ステンレスやチタンなどの金属、またはその両方を使った製品があります。金属製は、管が蛇腹状になったものが多いです。

　受水槽からの配管を可とう継手なしに直接躯体につなぐと、受水槽が大きく揺れたときに、接続部分が壊れてしまいます。受水槽は水が入っているために重く、何トンにもなります。$1m^3$が$1t$ですから、$4m^3$の受水槽では約$4t$です。地震力は質量×地震の加速度なので、受水槽には大きな力が働きます。

　受水槽がコンクリート躯体（構造体）から上下左右に動こうとした場合、可とう継手でつながっていれば、その動きをある程度吸収することができます。

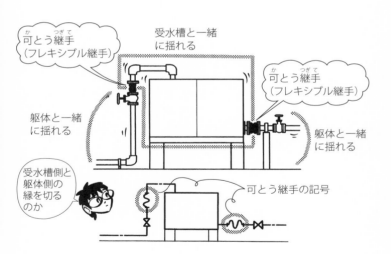

可とう継手
（フレキシブル継手）

受水槽と一緒に揺れる

可とう継手
（フレキシブル継手）

躯体と一緒に揺れる

躯体と一緒に揺れる

受水槽側と躯体側の縁を切るのか

可とう継手の記号

2

給水設備

Q 防振継手とは？

A ポンプなどの振動が配管に伝わらないようにするための、ゴムのように柔軟性のある継手です。

ポンプはモーターを動かすため、どうしても振動が発生します。ポンプを支える台には、コンクリート躯体に振動が伝わらないように、ゴムを挟んでいます。管にも、振動が伝わらないような配慮が必要です。直接ポンプに管をつなぐと、ビリビリという振動が部屋の蛇口にまで伝わってしまいます。

　防振継手は、合成ゴム製や、ステンレスやチタンなどの金属を編んだ柔軟性のある継手です。可とう継手（フレキシブル継手）よりも軟らかく、変形ばかりでなく細かい振動をも吸収できる構造となっています。

　図面記号は下図のように、円形の両側に線を引いたものです。丸いゴムボールを間に挟んだ形からきています。

　逆止弁（ぎゃくどめべん、ぎゃくしべん）は逆流を防ぐ弁（R057参照）で稲妻形、定水位弁は○に×、ボールタップは形そのものが記号となっています。

　ポンプは四角で囲ってポンプの機種記号を描く場合が多いですが、下図のように給水の方向を示す△を○で囲んだ記号も使われます。

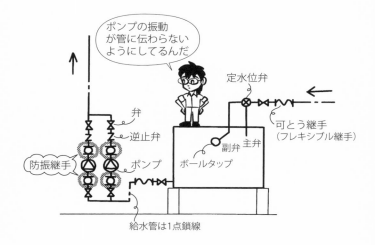

給水管は1点鎖線

Q ポンプや受水槽の上流側、下流側の両方に弁を付けるのは？

A 器具の交換やメンテナンスの際、部分的に水流を止めることができるからです。

弁（valve）がないと、水道の元の部分（メーターの前の止水栓）で水を止めなければなりません。ポンプ、受水槽などの器具は、定期的なメンテナンス、清掃が必要です。また、ポンプが故障した場合は、交換が必要となります。器具の両側に弁を付けておくと、水をその部分だけ遮断して作業を行うことができます。

道路下の水道本管でも、あちこちに弁があるのは、工事をするのに便利だからです。水漏れや災害復旧時にも、一部分だけを止めればすむようになっています。

このような部分に使う弁は、仕切り弁を使うのが一般的です。ゲート弁（Gate Valve）、スルース弁（Sluice Valve、sluice：水門）ともいいます。弁が流れに対して垂直に下がって、流れを仕切って止めるシンプルな弁です。弁が開いているときの流体抵抗が小さいので、区画を区切る弁として多用されています。

仕切り弁はGate Valve（門となる弁）といい、GVという略号が、逆止弁（ぎゃくどめべん、ぎゃくしべん）はCheck Valveといい、CVという略号が使われます。gate valve、check valveという英語の方を覚えておくといいでしょう。

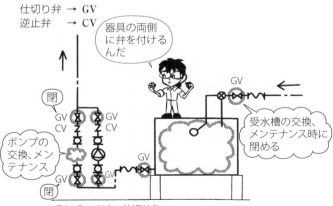

仕切り弁 → GV
逆止弁 → CV

器具の両側に弁を付けるんだ

ポンプの交換、メンテナンス

受水槽の交換、メンテナンス時に閉める

GV：Gate Valve 仕切り弁
CV：Check Valve 逆止弁

2

給水設備

Q 逆止弁の図面記号は？

A 下図のように、稲妻形です。

　逆止弁は、「ぎゃくどめべん」とも「ぎゃくしべん」ともいいます。英語のcheck valveから、チャッキ弁、チャッキと呼ばれることもあります。その場合のcheckは、せき止めるという意味です。<u>CV</u>が略号です。

　図面記号は、普通の弁は三角形が2つ向かい合うバタフライ形、<u>逆止弁はバタフライの左右の縦線の上と下をつなげた、斜線形、稲妻形</u>です。

　逆止弁には弁が軸を中心にしてスイングする（揺れる）スイング式、弁が上にリフトする（上がる）リフト式などがあります。流れを一方通行にして、逆流を防ぐのが目的の弁です。

　圧力水槽の前に付けて受水槽への逆流を防ぐ、ポンプの後に付けてポンプへの逆流を防ぐなど、多くの場所で使われています。熱湯、蒸気、汚水の逆流を防ぐなど、給水以外の設備配管でも多用されています。

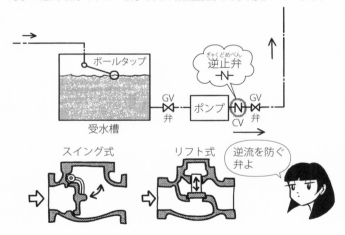

Q フート弁とは？

▼

A 吸込み用立て管の最下部に付ける逆止弁です。

フート弁はfoot valveの日本語読みです。フートとはフットで、足のことです。足のように縦に長い管の最下部に付けるので、この名で呼ばれています。

　受水槽、排水槽などに縦に管を突っ込んでポンプで水を吸い上げる場合、逆流防止弁を付けておかないと、ポンプを止めると水が落ちて元に戻ってしまいます。また、水圧に負けて逆流する可能性もあります。

　フート弁の内部構造には、さまざまな形式があります。下図は、丁番によって開閉するスイング式です。内部に樹脂製のボールが入っていて、それが上下して開閉するボール式もあります。フート弁は逆止弁の一種です。

2

給水設備

フート弁
(foot valve)

足のように
吸込み用立て管の
一番下に付ける
逆止弁（ぎゃくどめべん）だ

Q 玉形弁、アングル弁、仕切り弁の中の水の流れは？

▼

A 下図のように、玉形弁はS字形に流し、アングル弁は直角に流し、仕切り弁は直線状に流します。

玉形弁は、弁の外形が球形に近いことからそのような名前になりました。グローブ（globe）とは球形という意味ですから、玉形弁はグローブ弁とも呼ばれます。

アングル（angle）は角度ですが、建築でアングルという場合は直角（right angle）を意味することが多いです。このアングル弁も、直角に流体を曲げることからきています。

仕切り弁は、流体を仕切るように弁が下りることからきています。ゲート（gate：門）のようなものなので、ゲート弁とも呼ばれます。略号GV（Gate Valve）もよく使います。水を直線状に流すので、一番抵抗が少ない弁です。

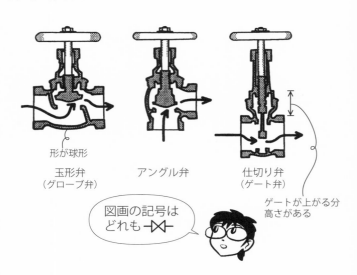

形が球形

玉形弁
（グローブ弁）

アングル弁

仕切り弁
（ゲート弁）

ゲートが上がる分
高さがある

図画の記号は
どれも ▷◁

Q バイパス配管とは？

A 下図のような、迂回する配管のことで、器具の交換やメンテナンスを容易にします。

 バイパス（bypass）のbyは脇のという意味、passは通路、水路という意味で、bypassは脇を通す道、水路となります。道路のバイパスはよく聞きますが、混雑する市街地を迂回するための道路という意味です。

迂回路をつくっておくと、器具の交換やメンテナンスに便利です。器具の両側の弁を閉めて、バイパスの弁を開ければ断水しなくても作業できます。

バイパスがないと、建物全体の水を止めなければなりません。さらに器具が下の方にあると、すべての水を抜くことになってしまいます。

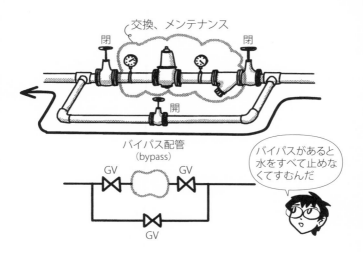

交換、メンテナンス

閉　　　　　　　　　　　　　　閉

開

バイパス配管
（bypass）

GV　　　GV

GV

バイパスがあると水をすべて止めなくてすむんだ

2

給水設備

Q フランジ接合とは？

A 下図のような、管のフランジどうしをボルトで接合する方法です。

フランジ（**flange**）とは、出っ張っている耳、縁のような部材のことです。フランジにあいた穴にボルトを通して、ナットで締め付けて接合します。

　金属どうしの接合だけでは、水が漏れてしまいます。そのため、間にゴムを入れます。そのゴムのことをガスケット（**gasket**）とかパッキン（**packing**）といいます。

　配管はねじ接合や接着による接合が普通ですが、それだと外すのが大変です。フランジ接合の場合、器具を取り外して掃除、交換するときは、ボルトを外すだけですみますし、しっかりと確実に留まります。ポンプや大型の弁など、メンテナンスや交換の必要な器具は、フランジ接合で留めます。

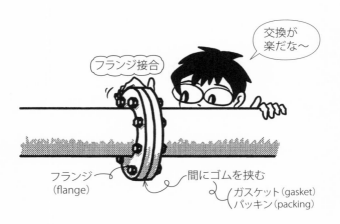

交換が楽だな〜

フランジ接合

フランジ
（flange）

間にゴムを挟む
ガスケット（gasket）
パッキン（packing）

Q ストレーナとは？

A 水や水蒸気の中の砂やサビなどをろ過する器具です。

金網でできたスクリーンでこして、砂やサビなどを取り除きます。スト
レーナ（**strainer**）には、下図のようなY形ストレーナのほかに、おわ
ん状のバスケット形（U形）ストレーナもあります。
　ストレーナは定期的に、掃除やスクリーン交換などのメンテナンスが
必要となります。そのため、水や水蒸気を別ルートで通すためのバイパ
スを設けます。

【　砂　取　れ！　な！　】
　　ス　ト　レ　ー　ナ

2

給水設備

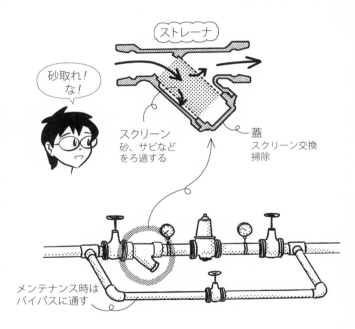

ストレーナ

砂取れ！
な！

スクリーン
砂、サビなど
をろ過する

蓋
スクリーン交換
掃除

メンテナンス時は
バイパスに通す

strain：固体の混じった液体をこす

【　】内スーパー記憶術

Q 受水槽のまわりにスペースを取るのは？

▼

A 点検とメンテナンスができるようにするためです。

受水槽の周囲は壁から600mm以上、下は床から600mm以上、上は天井から1000mm以上離します。上が大きいのは、受水槽のハッチ（蓋）を開けて中に入る寸法が必要だからです。

地下室などに受水槽を置く場合は、この寸法がギリギリとなることがあり、基本設計段階から、受水槽スペース、搬入ルートを考えておきます。

地下に受水槽を置く場合は、オーバフロー管は地下の湧水槽（ゆうすいそう）に導くこともできます。湧水槽に流す場合は、間接排水として大気にいったん開放する必要があります。

湧水槽とは、躯体（RCの壁など）を浸透して入ってきた地下水や受水槽からオーバフローした水を集める小さな水槽です。釜場（かまば）、排水ピット（pitとは穴、くぼみ）ともいいます。そこに水中ポンプを置いて、一定水位に達したら水を汲み出します。水中ポンプは2台交互運転とし、1台が故障しても、もう1台が動くようにします。

受水槽を外に置く場合は、フェンスで囲んで扉には鍵をかけ、いたずらを防止します。受水槽とフェンスは、やはり600mm以上離します。小さい建物の場合、フェンスを省略することもあります。

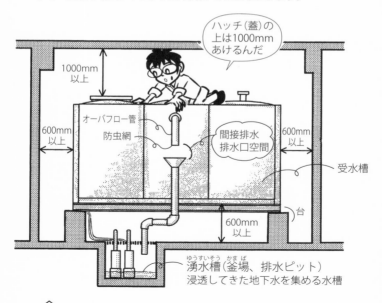

ハッチ（蓋）の上は1000mmあけるんだ

1000mm以上

オーバフロー管
防虫網

600mm以上

間接排水
排水口空間

600mm以上

受水槽

台

600mm以上

湧水槽（釜場、排水ピット）
浸透してきた地下水を集める水槽

Q 水道の直結直圧方式、直結増圧方式とは？

A 水道本管に直結してそのままの水圧で水を上げるのが直結直圧方式、水圧が足りないので増圧ポンプを間に入れて上げるのが直結増圧方式です。

一般の戸建住宅では、水道直結直圧方式がほとんどです。2階建て程度の建物なら、水圧、水量ともに直結直圧方式で十分だからです。

3階建て以上で、使う水量も多い場合、水道管直結では水圧が足りない場合が多々あり、直結増圧方式を採用します。その場合、水圧を増やすポンプをつないで、水を上げることになります。そのポンプを増圧ポンプ、ブースタポンプ（booster pump）といいます。

TVアンテナの信号が弱い場合に、ブースタという増幅器を通すことがあります。boostとは増やす、高めるといった意味で、建築設備以外の分野でもあちこちに出てきます。

直圧方式に比べて増圧方式は、間にポンプを入れているため、給水圧力の変動が少ないというメリットがあります。

直結増圧方式の場合、水道本管から水を直接吸い上げてしまうので、近隣の水道の出が悪くなってしまうことがあり、場所によっては許可されないこともあります。その場合は、受水槽を置いてポンプをつなげば問題はなくなります。

2

給水設備

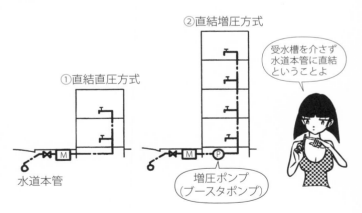

②直結増圧方式

①直結直圧方式

受水槽を介さず水道本管に直結ということよ

水道本管

増圧ポンプ（ブースタポンプ）

Q 圧力水槽（圧力タンク）とは？

A 下図のような、空気の圧力を利用して水を押し上げる水槽です。

圧力水槽（圧力タンク）のタンク内部の空気圧が下がると、自動的にポンプから水が送り込まれます。水が送り込まれて水位が上がると空気が圧縮されて空気圧が上がり、その空気圧によって水が押し出されます。

　受水槽の方へ水が逆流しないように、逆止弁という1方向にしか水を流さない弁を付けます。

　空気は水の中に溶け込んでしまうので、コンプレッサー（compressor）という空気を送り込む機械も空気側につないでおきます。

　中規模なビルなどで使われますが、停電時にはまったく水が出なくなってしまいます。

　圧力水槽を使う給水方式には、圧力水槽方式、圧力水槽給水方式、圧力給水方式、気圧給水方式など、いろいろな呼び名があります。

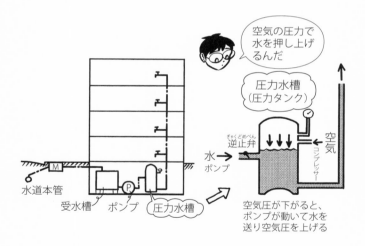

Q 受水槽を使う給水方式は？

A 下図のように、①高置水槽方式、②圧力水槽方式、③ポンプ直送方式（タンクレス方式、ブースタ方式）があります。

ポンプ直送方式は、ポンプを複数並列につないで、その水圧で各蛇口まで直送する方式です。ポンプの性能もよくなり、直送方式を採用している建物は多く見られるようになりました。

高置水槽に水を上げるポンプなども、最低2台は並列にします。1台が故障してももう1台が動くように、また2台同時に動かして水量を増やせるようになどの理由からです。普段は交互に運転して、どちらかが止まっても給水できるようにしています。

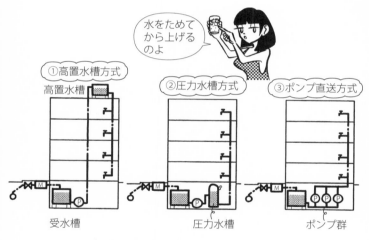

水をためてから上げるのよ

①高置水槽方式
高置水槽

②圧力水槽方式

③ポンプ直送方式

受水槽　　　　　圧力水槽　　　　ポンプ群

受水槽なし ｛ 直結直圧方式
　　　　　　直結増圧方式

受水槽あり ｛ 高置水槽方式
　　　　　　圧力水槽方式
　　　　　　ポンプ直送方式

2
給水設備

Q 高層の建物の屋上に高置水槽を設置する際、位置が高すぎる場合は？

A 下図のように、減圧弁を使って水圧を下げたり、中間の高さに水槽を置いたりします。

高置水槽方式では、重力を使って水を供給します。20階建てなどの高層の場合、下の階では水圧が強すぎてしまいます。蛇口を開けると水が噴き出すようではまずいので、減圧弁という水圧を下げる弁を途中に入れる対策が必要となります。

　減圧弁は、バネの力などで水の圧力を下げる弁です。減圧弁を立て管の途中に入れて、それより下の水圧を下げます。各階に減圧弁をひとつずつ入れる方式もあります。

　減圧弁の図面記号は、pressure Reducing valveのRを弁の記号に付けたものです。一緒に覚えておきましょう。

　水槽を分割して、中間水槽をつくる方法も有効です。20階建てならば、10階ずつに分けて配置する方法などです。

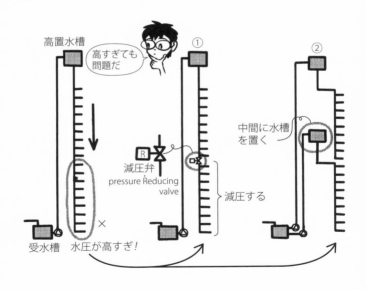

高置水槽

高すぎても問題だ

①

受水槽　水圧が高すぎ！

R

減圧弁
pressure Reducing valve

減圧する

②

中間に水槽を置く

Q さや管ヘッダー方式とは？

A 下図のように、ヘッダーに集めたさや管の中に、後から給水管、給湯管を通す配管方式のことです。

さや（鞘）とは、刀のさやと同じで、何かを中に入れるための筒です。さや管は樹脂製で、曲げることができます。ヘッダー（header）とは頭（head）にくるもので、この場合は配管の頭に付ける器具のことです。さや管ヘッダー方式は、給水管、給湯管をヘッダーから分岐させてさや管の中を通し、各水栓まで1対1で管をつなぎます。

まず、さや管を床下に配置します。さや管をヘッダーまで配置してから、中に給水管を通します。通した給水管はヘッダーに接続します。ヘッダーは、給水の集中分岐部分となるわけです。

給水管、給湯管には、自由に曲げられるポリエチレン管、架橋ポリエチレン管を用います。ポリエチレンの分子どうしの所々を結合させたのが架橋ポリエチレンです。

給水管を後から入れるので、内装工事中に釘で打ち抜くなどの心配もありません。管の交換も、床を壊さずに簡単に行うことができます。管が二重になっているので、結露もしにくくなります。自由に曲がるのでエルボ、チーズなどの継手が不要で、専用のアダプターを押し込むだけで接続できます。

給湯管は、給水管とは別のヘッダーから分岐させて、各所の給湯部分へと送ります。さや管は、給水は青、給湯は赤、循環給湯（風呂の追い焚き、床暖房など）は緑とするのが慣例です。

さや管ヘッダー方式は、分譲マンションで多く採用されています。普通の配管よりもコスト高ですが、メンテナンスが楽なのが利点です。ヘッダーはクローゼットの床下などに置き、床下点検口を付けておきます。

2

給水設備

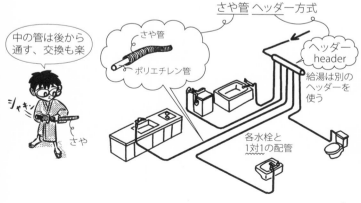

さや管 ヘッダー方式

中の管は後から通す、交換も楽

さや管

ポリエチレン管

シャキン

さや

ヘッダー header

給湯は別のヘッダーを使う

各水栓と1対1の配管

Q クロスコネクションとは？

▼

A 給水管の上水と汚水、雑排水、雨水、雑用水（中水）、井戸水、消防用水などが混じることをいいます。

汚水、雑排水と上水を直接連結する（直接クロスコネクション cross connection）ことはありえませんが、水道管が真空に近い状態になって汚れた水を吸い上げてしまったり（逆流、バックフロー）、汚水管から漏れた水が受水槽の中に入ってしまったりといった間接的なクロスコネクションは起こりえます。

　真空発生をバキュームブレーカー（vacuum breaker：真空を壊すもの）などで抑える、蛇口などに吐水口空間（水の出る口とあふれ縁の高さ）を設ける、排水管の途中で、いったん縁を切り排水口空間を取る間接排水とする、受水槽の上に排水管類を通さない、などの工夫で、間接的なクロスコネクションを予防します。

　バキュームブレーカーは、空気を管に供給して、水の流れを促進する真空防止の器具です。つまり、真空＝負圧を破壊して逆流を防止するためのものです。トイレのフラッシュバルブの横に付いているので、そこでも見ることができます。

　井戸水はいつ水質が変わるかわからないので、水道本管の上水と直接つなぐわけにはいきません。また、消防用水も配管や使い方が違うので、上水を連結するわけにはいきません。上水の方へ、それらの水が行かないようにする、一方通行とする工夫が必要となります。逆止弁だけの場合、水が逆流することはまずありませんが、細菌類は通ってしまうおそれがあるので要注意です。

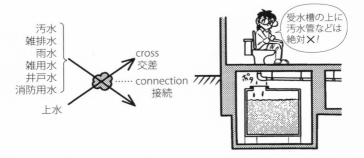

Q ウォーターハンマーとは？

A 水の流れを急に止めたときに、管内に衝撃、振動が発生する現象です。

ウォーターハンマー（water hammer）は、水がハンマー（金づち）のように管に衝撃を与えることで、水撃作用ともいいます。

水はほとんど収縮しないので、水流を急に止めると、水の運動エネルギーは水の圧力となってしまいます。その圧力波が管内を行ったり来たりして、管のあちこちで「カン」「ガン」「ズシン」などの音を発生させます。音ばかりでなく、管自体を長い期間をかけて破損させていくことになります。この現象は、水を急に流したときにも発生します。

一般家庭でも、最近ではシングルレバー混合栓がよく使われるようになりましたが、回しながら閉める水栓と違って、レバーを下げれば一気に閉まるため、ウォーターハンマーが発生しやすくなっています。

ウォーターハンマーを避けるには、急な水圧の変化を避ける必要があります。どこかで水圧を逃がしてやるわけです。エアバッグ型ウォーターハンマー防止器、ベローズ型（蛇腹型）ウォーターハンマー防止器、ウォーターハンマー防止用逆止弁などを管に付けます。水栓を徐々に閉めるだけでも、ウォーターハンマー防止になります。

2

給水設備

Q 高所で給水管を横引きすると、ウォーターハンマーは起きやすい？　起きにくい？

A 起きやすくなります。

ポンプで高所に水を上げ、そこから横に引いた場合、ポンプを止めると立て管内部の水が重さで下がろうとします。中の水が分離してその間に低圧の水蒸気が発生します。その低圧水蒸気の気体が分離された水を引張って、水どうしがぶつかるウォーターハンマーが発生します。横引きは低い所で行い、そこから立ちあげて、<u>高所での横引き配管を極力なくします</u>。

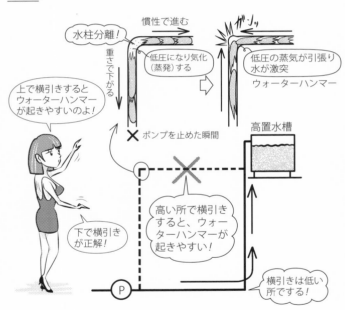

慣性で進む

水柱分離！

重さで下がる

低圧になり気化（蒸発）する

ガ・ノッ

低圧の蒸気が引張り水が激突
ウォーターハンマー

上で横引きするとウォーターハンマーが起きやすいのよ！

✕ ポンプを止めた瞬間

高置水槽

下で横引きが正解！

高い所で横引きすると、ウォーターハンマーが起きやすい！

横引きは低い所でする！

P

Q 戸建住宅、集合住宅などの住宅で、1日1人当たり、水をどれくらい使う？

▼

A 300L（リットル）程度（200〜400L/day·人）使います。

1日1人当たり、<u>300L前後の水</u>を使います。使用水量の多い順に、洗濯＞炊事＞入浴＞便所＞洗面・手洗いとなっています。

単位の書き方として、1日当たりは「/day」または「/d」、1日1人当たりは「/day·人」「/d·人」とします。住宅では200〜400L/d·人、ホテルの客室などでは贅沢に使用されるため100Lほど増えて、300〜500L/d·人程度となります。

住宅で使う水量＝1日1人当たり約300L
（200〜400L/day·人）

Q 受水槽の容量を1日の給水量の1/2などとするのは？

A 水槽に何日も使わない水が残ると、残留塩素がなくなって飲用に適さなくなるからです。

残留塩素がなくなると滅菌、殺菌ができなくなり、水が細菌などで汚染され、腐敗してしまいます。これを<u>死水（しにみず）</u>といいます。

死水をつくらないためには、常に水が流れている状態にしておかなければなりません。タンクもあまり大きいものを使用すると、中に何日も使われない水が残ってしまい、死水となってしまいます。

死水となるのを防ぐため、受水槽は1日の給水量の1/2または4時間分、高置水槽は1/10または1時間分などとして容量を決めます。

水道の蛇口などでも、長期間使っていないと、給水管の中の水が死水となってしまうことがあります。その場合は、しばらく水を流して、古い水を出しきり新しい水が出てくるようにします。給水配管、給湯配管の枝分かれした行き止まりの部分は、死水となりやすいので、特に注意が必要です。<u>水は静止しているよりも、常に流れている方が安全なのです。</u>

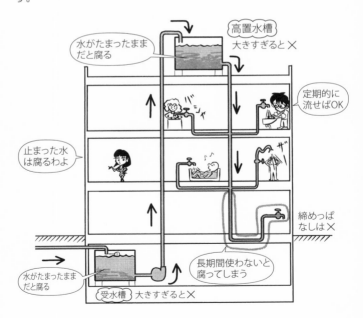

受水槽　大きすぎると×

Q 15室のワンルームマンションでは、受水槽の必要容量はどれくらい？

A 1日の給水量から計算すると下図のとおり、2.25m³程度です。

住宅では、1日1人当たり約300Lの水を消費します。といっても、使う量には個人差があります。大まかには300Lということで、計算してみます。

　ワンルームが15室ですから15人。300L/d・人×15人＝4500L/d、1日4500Lの水が使われることになります。では、4500Lは何m³でしょうか。1L＝1000cc、ccはcm³と同じです。

　　　1cm＝(1/100)mなので、1cm³＝(1/100)³・m³

となります。よって、

　　　1L＝1000cm³＝1000・(1/100)³・m³＝1/1000m³

となります。

　4500Lは、4500・(1/1000)m³＝4.5m³となります。受水槽の容量は、1日の使用量の半分程度を目安にします。受水槽が大きすぎると、流れない水がそのまま残って腐るなどして、死水となる可能性も出てくるからです。よって、受水槽の容量＝4.5/2＝2.25m³となります。

　2.25m³の容量と計算で出たら、3m³の大きさ、有効水量2.4m³の受水槽の製品を使うなどします。水槽一杯には水は入りません。3m³の水槽に入る水は、2.4m³程度です。

　このような計算のほかに、4時間分の給水量、同時使用時の給水量などを考えて受水槽の容量を決めます。

ワンルーム15室

12	13	14	15
8	9	10	11
4	5	6	7
1	2	3	

受水槽の大きさは
1日の量の半分程度

大きすぎると
水が腐って
くるんだ

人数15人
⇩
300L/d・人×15＝4500L/d
4500Lは何m³？
まず1Lは何m³かを出すと
$$1L = 1000cm^3 (cc)$$
$$= 1000 \cdot \left(\frac{1}{100}m\right)^3$$
$$= \frac{1000}{100 \cdot 100 \cdot 100} m^3$$
$$= \frac{1}{1000} m^3$$
$$\therefore 4500L = \frac{4500}{1000} m^3$$
$$= 4.5m^3$$
⇩
受水槽の容量 $= \frac{1}{2} \times$ 1日の給水量
$$= \frac{1}{2} \times 4.5m^3$$
$$= 2.25m^3$$

右欄外：
2
給水設備

Q 蛇口（水栓）のコマとは？

A 蛇口の中に入れるコマ形のパッキンのことです。

コマとは下図のように、コマの形をしたパッキンです。コマ水栓、ケレップなどとも呼ばれます。ケレップはオランダ語（水を制御するもの）から付いた名称です。

　パッキンだけの円盤にすると、パッキンの芯が蛇口芯とずれやすくなります。そのため、スピンドル（回転する芯棒）という芯棒を付けてねじ込む金具の中に、パッキン（ゴム）を組み込んだコマを入れてずれないようにしています。

　コマは、真ちゅう製の台とパッキンでできています。ナットを外してゴムだけ交換することもできますが、コマ自体は安いので、コマごと交換するのが普通です。

　蛇口を閉めても水がポタポタと出る場合は、コマを交換する必要があります。まず、水をメーターの所の止水栓で止めます。ハンドルの上のビスを外してハンドルを外します（①②）。

　ハンドルの下のナットを外すと（③）パッキンとワッシャーが出てきます（④⑤）。それを外してスピンドルを外すと（⑥）、蛇口の内部にコマの芯棒が見えてきます（⑦）。芯棒をピンセットなどでつまんで取り出します。そこに新しいコマを入れて、スピンドルを回して差し込みます。

　建築学科の学生ならぜひとも、自宅の蛇口のコマ交換は経験しておきましょう。蛇口の仕組みがよくわかります。止水栓を閉めることを忘れずに！

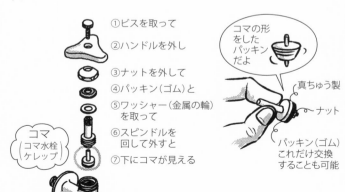

①ビスを取って

②ハンドルを外し

③ナットを外して

④パッキン（ゴム）と

⑤ワッシャー（金属の輪）を取って

⑥スピンドルを回して外すと

⑦下にコマが見える

コマ（コマ水栓）（ケレップ）

コマの形をしたパッキンだよ

真ちゅう製

ナット

パッキン（ゴム）これだけ交換することも可能

Q 節水コマとは？

A 下図のような、流量を制限するコマのことです。

普通のコマ（ケレップ）を付けた場合、蛇口は**90°**から**180°**回転させると、流量が一気に変化します。節水コマを使うと、徐々に水量が増えます。

　　コマのパッキンの部分の形状を大きめにして、最初に開く**90°**から**180°**あたりで流れが**50%**程度に抑えられるように工夫されています。結果的に**20%**程度の節水効果が期待できます。

Q カランとは？

A 給水栓（蛇口）のことです。

カランはオランダ語の**kraan**からきています。**kraan**とは英語の**crane**（クレイン）と同じ単語で、鶴という意味です。蛇口が鶴の首の形に似ているので、カランと呼ばれるようになりました。

　重機のクレーンも、英語の**crane**（鶴）からきています。アーム（ブーム）の形が鶴の首の形と似ているためです。ちなみに、英語で蛇口は**tap**といいます。

　ガス栓のことをガスカランといいます。給水栓は丸にハンドルマーク、ガスカランは丸に十字のガスの取り口が付いたマークが図面記号です。給水管は1点鎖線、ガス管は線にGと書きます。ここで一緒に覚えておきましょう。

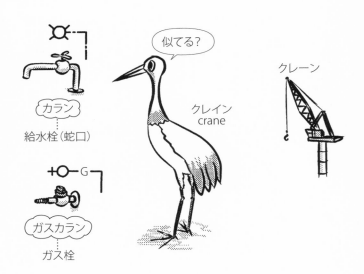

似てる？

カラン
給水栓（蛇口）

ガスカラン
ガス栓

クレイン
crane

クレーン

Q 2ハンドル混合栓、シングルレバー混合栓とは？

A お湯と水を混ぜる混合栓で、下図のようにハンドルが2つの水栓とレバーがひとつの水栓です。

お湯と水を混合させる水栓を混合栓、または混合水栓と呼びます。混合栓では、2ハンドル混合栓とシングルレバー混合栓の2つが代表的です。

　お湯と水をそれぞれのハンドルで調整するのが、2ハンドル混合栓です。この場合、お湯の温度調整、水量調整を同時にするのが大変です。

　そこで工夫されたのが、シングルレバー混合栓です。左右に回すと温度調整ができて、上下に動かすと水量の調整ができます。キッチンの混合栓では、シングルレバー混合栓を使うのが主流となっています。

　混合栓のマークは丸のハンドルマークを左右2つに分けて、左を黒の給湯栓、右を白の給水栓とします。実際の工事でも、左側を給湯とするのが慣例です。給湯管の記号は線に直交する短い線、給水管の記号は1点鎖線で表します。器具の指定は型番で行います。

　混合栓に対して、水のみ、お湯のみの水栓は単水栓といいます。また、水栓の付いている位置によって、壁付き、台付きと区別されます。下図は台付きです。

2

給水設備

Q サーモスタット付き混合栓とは？

A 下図のような、温度調整が自動的にできる混合栓です。

◆ サーモスタット（**thermostat**）とは、形状記憶合金のバネなどを使って、自動的にお湯と水を混ぜて設定温度にする器具です。温度を感知して、混合割合を自動的に変えてくれる仕掛けです。
　シャワーでは、熱すぎるとやけどをしてしまうし、ぬるいと体が温まりません。その解決策として、サーモスタットを組み込んだ混合栓がつくられるようになりました。

Q 自在水栓とは？

A 下図のような、長い吐水口（とすいこう）部分が横に回転する水栓です。

自在水栓とは、蛇口部分が長く、回転する蛇口のことです。水を出す位置を「自在」に変えられるので、このような名前が付けられました。自在式ということもあります。また、首が短い蛇口も、回転するものを自在水栓と呼ぶことがあります。

　壁から横に出る形の水栓を壁付き水栓、または横水栓といいます。キッチンや洗面台のカウンターから上に（縦に）出る形の水栓を台付き水栓、または縦水栓といいます。蛇口を付ける位置による分類です。この用語も一緒に覚えておきましょう。

2

給水設備

自在水栓

これくらいで「自在」なわけ？

「自在」に位置を変えられる！

壁付き水栓（横水栓）

台付き水栓（縦水栓）

壁に付けるか台に付けるかの分類だよ

Q 万能水栓とは？

A 下図のように、縦に回転する短い吐水口部分を持つ水栓です。

万能水栓とは、自在水栓のように長くはなく、縦に回転する短い吐水口を持つ蛇口です。下に向けると普通の蛇口、上に向けると水を飲むことができ、横にも向けることができます。

　いろいろと使い道があるので万能と呼ばれています。学校の水栓に多いのも、いろいろな使い方ができるからです。自在水栓はキッチンに、万能水栓は洗面によく使われます。

　自在水栓、万能水栓という呼び名は現場でもよく聞きますが、図面ではメーカー名と型番で指定します。

Q カップリング付き水栓とは？

A 下図のような、ホースを付けるための金具の付いた水栓です。

カップリング（coupling）とは、カップルにすること、つがいにさせるという意味から、結合とか連結、連結装置といった意味となります。カップリング付き水栓は、ホースを連結する金具付きの水栓です。

その金具は、いったんホースを差し込むと抜けにくくなるような凹凸が付けられています。ガスカラン（ガス栓）の先にも同様な凹凸が付いています。

さらに、手で回せるナットで着脱が容易となっています。そのナットとホースに付く金具は別々の金具なので、ホースを固定したままでナットを回転させることができます。

ホースを金具に差し込むのは力のいる面倒な作業ですが、ホースの側に金具を付けてホースを格納しておけば、金具を蛇口に付けるのは簡単な作業となります。金具を蛇口に差し込んで、ナットを回すだけで取り付けることができます。

散水栓は、庭やガレージなどでホースをつなぐための水栓です。水をまくための水栓なので、このように呼ばれます。散水栓ではホースの着脱が楽なようにカップリング付きのものが一般的です。

2
給水設備

カップリング付き水栓

ホースを
付けやすく
した水栓だよ

このナット
だけ回る

カップリング

ホースに付けた
ままにできる

ホースが
抜けにくい

散水栓

Q 洗濯機用水栓とは？

A 下図のように、ホースが外れると自動的に水が止まる弁などが組み込まれた水栓です。

洗濯機用水栓は、常に開けてある状態で、いつでも給水可能な点がほかの水栓と異なるところです。常に通水しているので、ホースが外れた場合は水びたしとなってしまいます。

そのため、ホースが外れたらすぐに水が止まるような弁、緊急止水弁（オートストッパー）が吐水口に付けられています。樹脂製の突起が出ていて、ホースを差し込むとその突起が一緒に押されて中の弁が開きます。ホースが外れると、突起が一緒に出て、中の弁が閉まる仕組みです。

この小さな突起は一般に、ニップルと呼ばれます。ニップル（nipple）は乳首が原義です。機械や器具で、乳首状の突起、ねじ、突出部などをニップルといいます。

万能水栓やカップリング付き水栓の吐水口の首の部分だけを付け替えて、洗濯機用ニップルといわれる部品と、ホースに付ける部品をペアにして使うこともあります。この場合はカチッと押し込むだけでつながります。

オートストッパーのほかに、ホースからの逆流を防ぐ逆流防止弁の付いた洗濯機用水栓もあります。上水が汚染されるのを防ぐためです。また、洗濯でお湯を使う場合、混合栓となっている洗濯機用水栓もあります。

ホースの隙間から水が噴き上がるのを防ぐ

ツバ

洗濯機用水栓

ニップル
ホースが外れると水が止まる
オートストッパー
（緊急止水弁）

ニップルはいいねー

洗濯機用ニップル

取付け具

万能水栓
カップリング付き水栓の吐水口だけ付け替える方法

Q 遠心式ポンプとは？

A 下図のように、羽根車を回して中央から入れた水を外側（遠心側）に出す力を使って圧力をかけるポンプです。

水を羽根車の真ん中から入れて、羽根車を回転させます。回転すると水は外側へと追いやられます。この外側への力、遠心方向への力＝遠心力を使って、水圧を高めるのが遠心式ポンプの原理です。

羽根車が渦巻き（volute）の形をしているので、渦巻きポンプ、ヴォリュートポンプ（volute pump）と呼ばれます。

回転する羽根車の外側に回転しない案内羽根を付けたのが、ディフューザーポンプ（dif-fuser pump）、タービンポンプ（turbine pump）などと呼ばれるポンプです。ディフューザー（diffuser）とは拡散させるもの、タービン（turbine）は羽根車という意味です。

遠心式ポンプ→渦巻きポンプ（ヴォリュートポンプ）
　　　　　　→ディフューザーポンプ（タービンポンプ）

渦巻きポンプは多くの水量を送ることができます。しかし、揚程（ようてい：上げる水の高さ）は小さいです。その点、ディフューザーポンプは送水圧に優れています。何段にも重ねた多段ディフューザーポンプは、さらに揚程が大きくできます。

2

給水設備

電動機（モーター）

ポンプ

外側（遠心側）へ
水を出して、勢いを
付けるのよ

Q ポンプの揚程（ようてい）とは？

A 下図のように、ポンプが水を上げる高さのことです。

揚程の揚とは揚げる（あげる＝上げる）、程とは程度です。ポンプが水を上げる程度、上げる力といった意味になります。

　下図では、受水槽の水面から高置水槽の上の管の中心線までの高さ<u>18m</u>が、ポンプの揚程となります。<u>実揚程</u>とは、実際の高さ、実際の揚程という意味です。

　18mという水の高さは、水の重さにも換算できます。<u>水は1cm³（1cc）で1g、1m³で1tの重さ</u>があります。水の重さは覚えておくと便利です。比重も比熱も、元は水と比較した単位でした。比重1.5とは水の重さの1.5倍、比熱1.5とは水を1℃上げるのに必要な熱の1.5倍ということです（比熱は違う単位もあり）。

　管の断面積は、仮に100cm²としておきます。18mの水の柱（水柱）の重さは、100cm²×1800cm×1g/cm³＝180000g。断面積100cm²で高さ18mの管の下には、180000gの重さがかかっているわけです。

　180000gは100cm²当たりの重さですから、1cm²当たりでは180000÷100＝1800g/cm²となります。これが水圧です。<u>圧力は1cm²当たりとか1m²当たりの力で表します</u>。ここでいうgは、正確には<u>gf</u>とか<u>g重</u>のことで、地球が1gの質量を引く力、重力のことです。

　揚程18mといった場合、1800g/cm²の水圧に逆らって水を上げることができるポンプの力という意味でもあります。

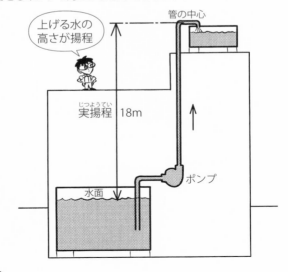

上げる水の高さが揚程

管の中心

じつようてい
実揚程　18m

水面

ポンプ

Q 全揚程とは？

A 実揚程に摩擦圧力、吐水（とすい）圧力を加えた、ポンプに必要な圧力のことです。

実揚程は、ポンプで持ち上げる水面の高さの差です。しかし、水の柱を持ち上げておくだけでは不十分で、管の中の水をある程度のスピードで流さなければなりません。管の内側に水がぶつかって、流すまいとする摩擦抵抗、摩擦圧力が発生します。水を流そうとすると、ポンプには摩擦に対抗するだけの圧力が必要となります。

さらに、吐き出す吐水圧力も必要です。高置水槽に水を入れるだけならそれほど水圧はいりませんが、シャワーに直結させる場合は、もう少し水圧が必要です。水を上げるだけの揚水ポンプと、そのまま水栓につなぐ給水ポンプでは、必要とされる圧力が違ってきます。

水を支える圧力（実揚程）に摩擦圧力と吐水圧力を足したものが、ポンプに必要とされる圧力となります。すべて足した揚程という意味で、全揚程といいます。

2
給水設備

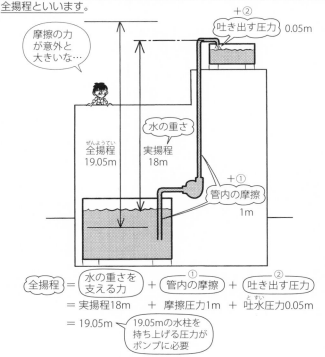

全揚程 = 水の重さを支える力 + ①管内の摩擦 + ②吐き出す圧力
　　　 ＝ 実揚程18m ＋ 摩擦圧力1m ＋ 吐水圧力0.05m
　　　 ＝ 19.05m　19.05mの水柱を持ち上げる圧力がポンプに必要

Q ポンプの特性曲線（性能曲線）とは？

A 下図のように、横軸を水量、縦軸を揚程などの性能とした、ポンプの性能を表す曲線のことです。

　特性曲線、性能曲線とは、一般に機器の性能変化を表すグラフです。横軸に量、縦軸に性能評価指標を取ったグラフです。機械は処理量によって性能が変わるので、このようなグラフが必要になります。

　ポンプの場合は、どれくらい水を上げられるかという揚程のほかに、効率、軸動力なども性能評価され線として描かれます。ここで効率とは、ポンプの軸動力の何パーセントが水動力となったかの比を表します。

　下図の左では、効率曲線の最大となる点から、最大効率時の揚程を求めています。右の図では、実揚程の上に描かれた抵抗曲線と揚程曲線の交点から、全揚程が求められています。運転点とは、ポンプが実際に運転されている点です。抵抗曲線は、配管や弁の絞り、吐出圧力などで変わってきます。抵抗曲線の摩擦損失には、吐出圧力も含まれています。

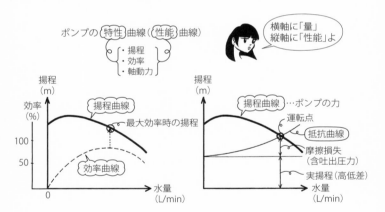

Q 質量100gの小さめのリンゴにかかる重力は?

A 100gf＝0.1kgf≒1N（ニュートン）

水圧、気圧の話をする場合、**Pa**（パスカル）、**N**（ニュートン）などは避けて通れません。そこでまずニュートンから。

質量とは、動かしにくさ（慣性）を表す物の量です。力＝質量×加速度が力の定義です。運動方程式と呼ばれるものです。

リンゴが落ちるとき、毎秒9.8m/sだけ速度が速くなることが、実験からわかっています。毎秒当たり9.8m/sですから、9.8m/s²と表現します。それが重力加速度です。

重力の大きさは、リンゴの質量0.1kg×重力加速度9.8m/s²＝0.98kg・m/s²です。kg・m/s²をN（ニュートン）と定義しました。もちろんアイザック・ニュートンの名から取ったものです。単位をkgとmに統一していることに注意してください。gの場合はcmと合わせて、dyn（ダイン）を力の単位としますが、ここではNを覚えておきましょう。

0.98Nですから、約1Nです。100gのリンゴには重力1Nがかかっています。そのリンゴを手で持ち上げるのにも、1Nの力が必要です。「100gのリンゴの重さは約1N」と覚えておきましょう。

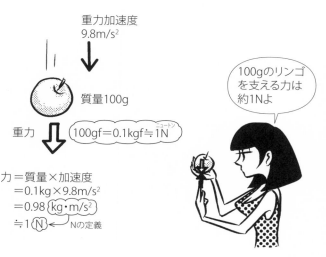

重力加速度
9.8m/s²

質量100g

重力　100gf＝0.1kgf≒1N（ニュートン）

100gのリンゴ
を支える力は
約1Nよ

力＝質量×加速度
　＝0.1kg×9.8m/s²
　＝0.98 kg・m/s²
　≒1 N　←Nの定義

【 力 を しっかり 掛ける】
　力 ＝ 質 × 加

【　】内スーパー記憶術

2
給水設備

95

Q 100gのリンゴを小さく切って1m²の面にばらまくと、その圧力は？

A 約1N/m²＝1Pa（パスカル）です。

質量100gのリンゴの重さは約1Nです。その1Nの重さが1m²に均等に分散された場合、その圧力は、力÷面積＝1N/1m²＝1N/m²（ニュートン・パー・平方メートル）です。N/m²はPa（パスカル）という単位です。これはPaの定義そのものです。パスカルは哲学者のブレーズ・パスカルから名付けられました。「人間は考える葦（あし）である」という言葉で有名なパスカルは、物理と数学の学者でもあり、流体の圧力の原理でも名を残しました。

　「1Paは100gのリンゴを1m²に散らばした圧力」で、ずいぶんと小さなものです。1N/m²は小さすぎるので、建築構造の分野では面積をmm²としたN/mm²をよく使います。Paは建築構造では使われず、主に水圧、空気圧、蒸気圧などを表すのに使われています。

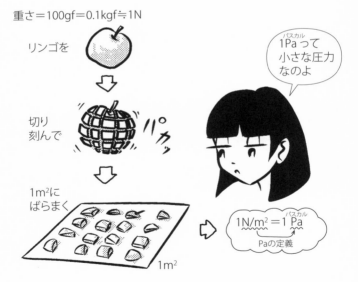

Q 1hPa（ヘクトパスカル）、1kPa（キロパスカル）とは？

A 1hPa＝100Pa＝100N/m²、1kPa＝1000Pa＝1000N/m²です。

　h（ヘクト）はギリシア語に由来する言葉で、100倍を意味しています。ha（ヘクタール）は100a（アール）、hPa（ヘクトパスカル）は100Paとなります。

　k（キロ）、M（メガ）、G（ギガ）は、1000倍（10の3乗倍）、1,000,000倍（10の6乗倍）、1,000,000,000倍（10の9乗倍）とゼロが3つずつ増える補助単位（接頭語）です。キロ、メガ、ギガはよく使いますが、ヘクトは圧力以外にはあまり使われません。なお、k（キロ）だけ小文字なのは、温度の単位K（ケルビン）と区別するためです。

　1Paは1m²に100gのリンゴ1個分の圧力でした。1hPa＝100Paでは、1m²にリンゴ100個分の圧力になります。

　hPaは気圧を表すときにもよく使われます。1気圧は10m（水柱）です（→R095）。底面1cm²で、10m＝1000cmの水柱の重さは1000gf＝1kgfだから、1気圧＝1kgf/cm²≒10N/cm²＝10・100・100N/m²＝100000N/m²＝100000Pa＝100kPa＝1000hPaです。

　正確には、1気圧＝101325Pa＝1013.25hPaです。1cm四方に約リンゴ10個＝1kgfです。水柱で10mですから、大気圧は意外と大きい圧力です。

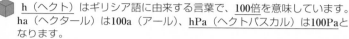

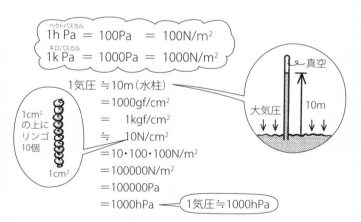

2

給水設備

Q 100gのリンゴを1m持ち上げるのに必要なエネルギーは？

A 約1J（ジュール）です。

ニュートン、パスカルのついでに、ジュールも覚えておきましょう。100gのリンゴの重さは約1Nでした。1Nの重力につり合うようにリンゴを持つ手の力も、1N必要です。

　力を加えて力の方向に動かすと、力×距離の仕事をすることになります。その量を仕事量、エネルギーといいます。

　上向きの力1Nで上向きに1m動かすので、力×距離＝1N×1m＝1N·mとなります。このN·mがJ（ジュール）です。このジュールも物理学者ジェームズ・プレスコット・ジュールの名前から取ったものです。

リンゴの重さ　　　　　　　　　　→ 約1N
リンゴを1m²にバラした圧力　　　→ 約1Pa＝1N/m²
リンゴを1m持ち上げるエネルギー → 約1J＝1N·m

　仕事量とエネルギーはほぼ同義ですが、多少使われ方が違います。手が仕事量1Jの仕事を行い、リンゴの位置エネルギーが1J増加したなどと表現します。

　エネルギーとは、仕事をする能力のことです。熱量も仕事量、エネルギーと同じで、Jを使って表します。古い単位ではcal（カロリー）というのもあります。1cal＝約4.2Jです。

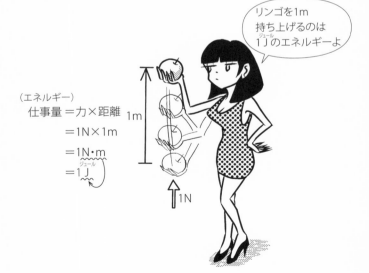

リンゴを1m
持ち上げるのは
1Jのエネルギーよ

（エネルギー）
仕事量 ＝力×距離
　　　　＝1N×1m
　　　　＝1N·m
　　　　＝1J

1m

1N

Q 1gの水の温度を1℃上げるのに必要な熱量（エネルギー）は？

▼

A 1cal（カロリー）または約4.2 J（ジュール）です。

正確には、**14.5℃から15.5℃**に上げるのに必要な熱量が1calです。この「1gの水の温度を1℃上げるのに必要な熱量」がカロリーの定義です。1kcal（キロカロリー）は1000calで、1000gの水の温度を1℃上げるのに必要な熱量となります。

1cal＝約4.2Jですから、1gの水の温度を1℃上げるのに必要な熱量は約4.2Jです。ジュールはカロリーと比較して、約1/4の大きさの単位となります。

　　　1cal＝約4.2J

単位の国際化で、カロリーが使われなくなりつつありますが、カロリーは水と熱が結び付いているので、わかりやすいというメリットがあります。ニュートンよりも**kgf**の方が、わかりやすいのに似ています。混同しそうで大変ですが、両方覚えておくと便利です。栄養学の分野では、カロリーが使われています。

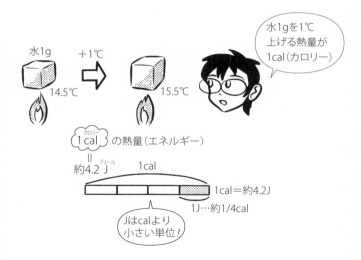

水1g　　+1℃　　　　　　　　　14.5℃　　　　　　15.5℃

水1gを1℃上げる熱量が1cal（カロリー）

1cal の熱量（エネルギー）
＝
約4.2 J

1cal

1cal＝約4.2J

1J…約1/4cal

Jはcalより小さい単位！

2

給水設備

Q 100gのリンゴを1m持ち上げるのに、1秒かかった場合と2秒かかった場合の仕事率は？

▼

A 1W（ワット）、0.5W（ワット）です。

■ 仕事率とは、単位時間当たりの仕事の量、単位時間当たりのエネルギー量です。仕事量／時間、エネルギー量／時間で計算します。

　100gのリンゴは約1N（ニュートン）の重さですから、その重さに逆らう力も1Nです。1m上げるのは、1N・1m＝1N・m＝1J（ジュール）の仕事量、エネルギー量です。

　1秒間（s：second）に1J使う場合、1秒当たりの仕事量は1J/1s＝1J/sとなります。J/s（ジュール毎秒）はW（ワット）と定義されています。ワットは蒸気機関で有名なジェームズ・ワットからきています。

　1秒間で1Jの仕事をする、エネルギーを使う場合は、1Wとなります。2秒で1Jの場合は、1秒当たり1J/2s＝0.5J/sの仕事量、エネルギー量となるので、0.5Wとなります。

　リンゴを1秒で持ち上げる方が、2秒で持ち上げるよりも、同じエネルギーを使っていても効率は2倍いいわけです。2年かかる仕事も、1年でできるわけです。

　電気のワットも同じです。100Wの電球は、電流が電球でする仕事が1秒間に100Jで、電気エネルギーが1秒間に100Jの光や熱などのエネルギーに変化するということです。

Q 水の高さ1cm、3cm、1m、10mの圧力をgを使って表すと？

▼

A 1gf/cm²、3gf/cm²、100gf/cm²、1000gf/cm²です。

1cm³の角砂糖程度の水を考えるとわかりやすいでしょう。**1cm³の水は、1gの重さがあります。**gは質量の単位で、正確には**gf**や**g重**と書きます。**1gの質量を地球が引く重力の大きさが1gfです。**

1cm³の立方体の底辺の面積は1cm²で、その面に1gfの力がかかるので、圧力は1gf/cm²となります。「/cm²」は1cm²当たりの力という意味です。1cmの高さの水は、1gf/cm²となります。底面積が100cm²や1000cm²になっても、水の重さも100倍、1000倍になるので、圧力は同じ値です。

3cmの高さでは、1cm³の立方体を3つ重ねたと考えます。重さは3gfとなって、底面にかかる圧力は3gf/cm²となります。

1mでは、100個の水の立方体となるので、100gfの重さが底面にかかります。1cm²の面積に100gfの力ですから、圧力は100gf/cm²です。同様に10mでは1000個の立方体ですから、1000gf/cm²が圧力となります。

このように水を重さに換算してもいいのですが、ポンプは水そのものを扱うので、水の高さで圧力を表現してしまった方がわかりやすいともいえます。そこで、**水1cmの高さの圧力＝1cm（水柱）、水10mの高さの圧力＝10m（水柱）**などと表現します。

水の高さで圧力を表現する場合、**水柱、水頭、water head**（ウォータヘッド）などを、高さの後にかっこ入りで付けます。**Aq**（Aqua：アクア）を付けて、10mAqと表すこともあります。

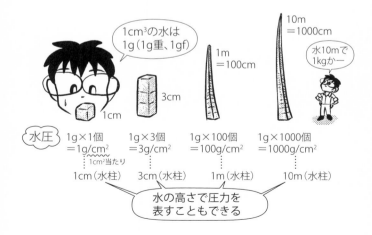

2

給水設備

Q 1気圧を水柱で表すと？

A 約10m（水柱）です。

下図のように上をふさいだ管を水から立ち上げると、10mまで水が上がります。それは周囲の水に大気圧がかかっていて、それに押されているからです。普通の管でなぜ水が上がらないかというと、上が大気に開放されていて、上からも大気圧がかかっているからです。

地表面での大気圧は1気圧（atm：アトム）といいます。1気圧は約<u>10m（水柱）</u>です。基本的なことですから、ここで覚えておきましょう。

さらに水に10mもぐると、大気圧と10m分の水圧が加わって、2気圧＝20m（水柱）となります。20mもぐると、3気圧＝30m（水柱）となります。

1気圧≒10m（水柱）

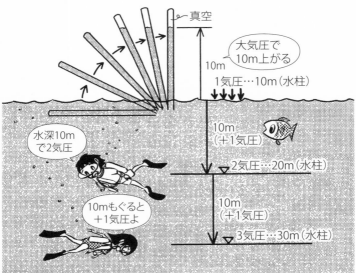

ダイビングの免許を取るときに習います

Q 一般の水栓（蛇口）に必要な水圧は？

A 30kPa（キロパスカル）＝30000Paです。

シャワーでは**70kPa**、タンクを使わないで流す大便洗浄弁（フラッシュバルブ）も**70kPa**の水圧が必要となります。一般水栓の約2倍です。一緒に覚えておきましょう。

　水栓（蛇口）の下には、水圧を調整する弁が付いているのが普通です。シャワーに合わせて給水すると、水栓では水圧が強すぎるからです。

　大気圧は10m（水柱）＝1000hPa＝100kPa＝100000Paです。30000Paの水圧は大気圧の3/10ですから、**3m（水柱）**となります。

　給水の圧力などでは、kPaがよく使われます。圧力の単位は非常にややこしくて、水柱、**kgf/cm²**、**Pa**、**hPa**、**kPa**などのほか、**水銀柱（mmHg）**なども使われます。単位の国際化でN、Paなどに統一されつつありますが、実感からは遠くなっています。PaはN/m²ですからNに由来しています。そのNの定義が「1kgの物体を1m/s²の加速度で動かす力」という動力学からきているので、わかりにくくて当然です。

　建築構造で使う単位もkgf/cm²からN/mm²に移行して、実感から遠ざかってしまいました。将来的には、体重をNでいうことになるのでしょうか。ちなみに、50kgfの体重の人は約500Nです。

【 み　ず　の要る　カッパ 】

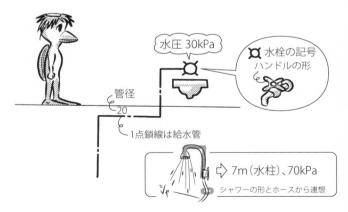

水圧 30kPa

水栓の記号　ハンドルの形

管径 20

1点鎖線は給水管

7m（水柱）、70kPa　シャワーの形とホースから連想

【 】内スーパー記憶術

Q 30kPa（キロパスカル）、70kPa、100kPaを水柱で表すと高さはどうなる？

▼

A 3m、7m、10mです。

1kPa＝1000Pa＝1000N/m²。ここで、1kgf＝1kg×9.8m/s²≒10kg·m/s²＝10N→<u>1N≒0.1kgf</u>だから、1000N/m²＝100kgf/m²＝0.01kgf/cm²＝10gf/cm²。ここで、100gf＝1m（水柱）だから、10gf/cm²＝0.1m（水柱）。よって、<u>1kPa＝0.1m（水柱）</u>となります。この換算式は覚えておくと便利です。

$$1kPa＝0.1m（水柱）$$

> 0.1m（10cm）の高さ
> の水圧が1kPa

【 <u>カッパ</u> の <u>多い</u> <u>水中</u> 】
　　1k　Pa　＝　　0.1m　（水柱）

　実揚程（水面の高低差）18m、吐出圧力30kPa、摩擦圧力5kPaの場合の全揚程は、すべて水柱の単位に直して足し算することで算出できます。

$$全揚程＝18＋30×0.1＋5×0.1$$
$$＝18＋3＋0.5$$
$$＝21.5m（水柱）$$
$$＝215kPa$$

> カッパ の 多い 水中
> 1 k Pa ＝ 0.1m（水柱）

30kPa＝0.1×30＝3m（水柱）
70kPa＝0.1×70＝7m（水柱）
100kPa＝0.1×100＝10m（水柱）
⋮
大気圧

【　】内スーパー記憶術

Q 流量線図とは？

A 下図のような、縦軸を流量、横軸を摩擦抵抗とした管の流量を表すグラフです。

下図は、硬質塩化ビニルライニング鋼管の流量線図の一部です。実際には、もっと多くの線が描かれています。

流量は1分当たりのリットル数L/min、摩擦抵抗は1m当たりの摩擦抵抗圧力kPa/mで表します。グラフ中の80Aや65Aは鋼管の規格で、内径が約80mm、約65mmを表します。Aが付いたものは、ミリ単位という意味です。

1分当たりの流量は、計算で出します。水栓はいくつもあるので、同時使用する確率から、給水負荷単位という基準値が定められています。公衆用手洗い器を1として、私室用手洗い器0.5、私室用大便器6などと定められています。その給水負荷単位を足し算して総給水負荷単位を出し、別のグラフを使って同時使用流量（L/min）を算出します。

次に、許容摩擦損失の計算をします。水圧が摩擦で失われてもいい限界値です。「給水できなくなる限界の摩擦圧力÷大目に見積もった管の長さ」で、許容摩擦損失が出ます。

流量線図で、①同時使用流量、②許容摩擦損失から、③管径を80Aと決めます。①と②がちょうど管径グラフの上で交わることは珍しく、交点から上に（安全側に）少し行ったグラフを管径とすることが多いです。流速は2.0m/sと1.5m/sの中間当たりなので、④1.75m/sとわかります。

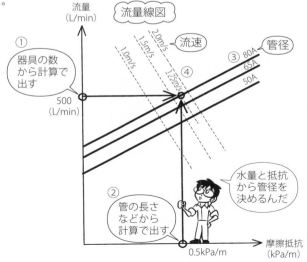

流量線図

①　器具の数から計算で出す

②　管の長さなどから計算で出す

水量と抵抗から管径を決めるんだ

2　給水設備

Q 給湯管に、鋼管を使わず銅管を使うのは？

A サビにくいからです。

60〜65℃のお湯が通る給湯管を鋼管でつくると、すぐにサビが出てしまいます。熱を持った水の中では、金属は反応しやすくなります。水に溶けてプラスイオンになり、マイナスイオンの酸素と反応して酸化してしまいます。酸化した金属が、一般にサビといわれるものです。

　金属をイオン化しやすい順に並べたのが、イオン化傾向です。イオン化傾向最小の金（Au）は、海水の中でもサビません。

　銅はイオン化しにくい金属なので、その分、酸化もしにくいのです。そのうえ、酸化した酸化銅が安定的な被覆となって、内部の銅を守る性質もあります。酸化皮膜がサビの進行を防ぐのはアルミも同じで、サッシに多く使われるのはその性質によります。

　銅管のほかに、ステンレス管も使われます。ステンレスはクロムとニッケルと鉄の合金です。SUSがステンレスの記号として用いられます。SUSは「サス」とも呼ばれます。

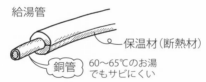

給湯管

保温材（断熱材）

銅管　60〜65℃のお湯でもサビにくい

イオン化傾向

貸そうか　な　ま　あ　あ　て　に　すん　な　ひ　ど　　　す　ぎる　借　金
K＞Ca＞Na＞Mg＞Al＞Zn＞Fe＞Ni＞Sn＞Pb＞（H₂）＞Cu＞Hg＞Ag＞Pt＞Au

イオン化傾向が小さいから銅管はサビにくいのよ

同感だね

金管がいいんだけど…

Q 鋼管と銅管を接触させてもよい？

A サビが出るので不可です。

イオン化傾向が違う金属どうしを接触させると、イオン化傾向の大きい方がイオンとなります。金属イオンはプラスイオンなので、マイナスの酸素イオンと結合して酸化物となります。金属酸化物はサビそのものです。電食と呼ばれる現象で、電池の原理でもあります。

　鋼管の主な成分は、鉄＋微量の炭素ですから、主に鉄となります。イオン化傾向では鉄＞銅ですから、鉄の方がイオンとなって水中に出ます。プラスの鉄イオンはマイナスの酸素イオンを引き寄せて、酸化鉄となります。それがサビです。

　亜鉛メッキ鋼管（白管）の場合も、亜鉛＞銅ですから、亜鉛の方が酸化しやすいのでサビます。異種の金属を接触させるのは、配管ばかりでなく、屋根材など水にかかわるすべての部位で禁じ手です。

　異種金属の管をつなぐ場合は、樹脂を間に挟んで、縁を切る必要があります。特殊な継手となるので注意が必要です。

3

給湯設備

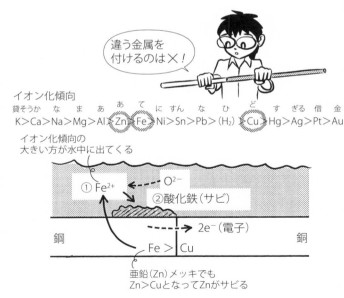

違う金属を
付けるのは×！

イオン化傾向
貸そうか　な　ま　あ　あ　て　に　すん　な　ひ　ど　す　ぎる　借金
$K > Ca > Na > Mg > Al > Zn > Fe > Ni > Sn > Pb > (H_2) > Cu > Hg > Ag > Pt > Au$

イオン化傾向の
大きい方が水中に出てくる

① Fe^{2+}　←--　O^{2-}
②酸化鉄（サビ）

--→ $2e^-$（電子）

鋼　　　　　　　　　　　　　　　　　銅
　　　　$Fe > Cu$

亜鉛（Zn）メッキでも
Zn＞CuとなってZnがサビる

Q 銅管のろう付け溶接とは？

A はんだや銀の合金などの「ろう」を使って溶接することです。

銅は軟らかい素材なので、鋼管のようにねじ込みによって留めることはできません。そこで、銅よりも低い温度で溶ける金属を使って溶接します。

溶かして固めるための鉛の合金（はんだ）、銀の合金（銀ろう）、銅の合金（銅ろう）などは、ろう（鑞）と呼ばれます。ろうそくのろう（蠟）とは字が違います。電気配線に使われるはんだ付けも、ろう付けの一種です。

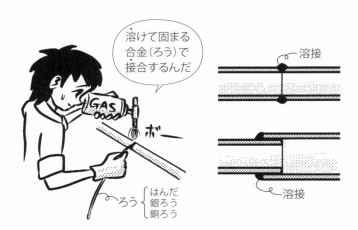

Q 銅管以外に給湯に使う管は？

A 下図のように、ポリエチレン管、架橋ポリエチレン管、耐熱性硬質塩化ビニル管、耐熱性塩化ビニルライニング鋼管などです。

 そのほか、ステンレス管も使われます。ポリエチレン管は最近、メジャーになりつつあり、上下水道本管、ガス本管などにも使われています。建築設備では主に、地中埋設管などに使われます。

　架橋ポリエチレン管は、ポリエチレン管よりも軟らかく、住宅内部の給水管、給湯管によく使われています。さや管ヘッダー方式での給水管、給湯管にもよく使われます。

　硬質塩化ビニル管（塩ビ管）は熱に弱いのが欠点のひとつですが、耐熱性塩ビ管は**70℃**程度の熱には耐えられるようにつくられています。普通の塩ビ管が灰色なのに対して、耐熱性塩ビ管は濃い茶色なので、すぐにわかります。耐熱性塩ビをライニングした鋼管もあります。

給湯管にできるパイプ

- 銅管…CP（Copper Pipe）
- ポリエチレン管…PE（PolyEthylene pipe）
- 架橋ポリエチレン管…PEX（closslinked PE pipe）
- 耐熱性硬質塩ビ管…HTVP（High Temperature Vinyl Pipe）…茶色
- 耐熱性塩ビライニング鋼管…SGP-HVA（Steel Gas Pipe-Vinyl A）

3

給湯設備

樹脂のパイプが頑張ってるなー

Q 給湯管を保温するのは？

A 温水の温度を下げないようにするためです。

建築工事では断熱といいますが、配管工事では保温というのが一般的です。熱が逃げないようにするために、毛皮や布団を巻くようなものです。温水の場合は保温、冷水の場合は保冷と区別することもあります。

　断熱材（保温材）を巻き付けて、外側をラッキングします。グラスウール、岩綿（ロックウール）、ポリウレタン、珪藻土などが使われます。グラスウール化粧保温筒など、最初から断熱材が巻かれているものもあります。アスベスト（石綿）は禁止されています。

　冷水の管では、結露防止のため保温材の上に防湿材を巻きます。結露とは、コップに付く水滴と同じで、冷たい面に空気中の水蒸気が水となって出てくる現象です。保温材の中に水蒸気が入らないようにしなければなりません。防湿材としては、アスファルト紙、ポリエチレンフィルムなどが使われます。

冷めないように
服を着せるのよ

グラスウール保温管

アルミ粘着テープ　　　金網

 Q 伸縮継手とは？

A 給湯管などの膨張収縮がある管の継手に使われる、伸縮を吸収できる継手です。

管は熱で膨張するので、それを吸収する継手が必要となります。それが伸縮継手（伸縮管継手）です。

　伸縮継手には、下図のようにベローズ型やスリーブ型などがあります。ベローズ（**bellows**）とは蛇腹のことで、スプリングのように伸縮します。スリーブ（**sleeve**）とは袖のことで、袖の中に腕を通すように別の管を通して、2つの管がスライドすることによって伸縮します。

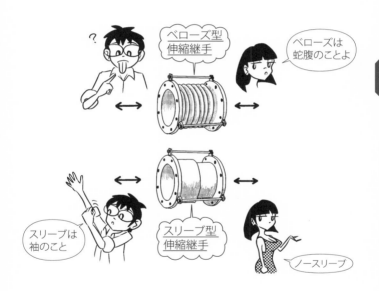

3

給湯設備

Q ベンド型伸縮継手とは？

A 下図のように、管の曲がりを使って管の伸縮を吸収する継手です。

ベンド（bend）とは曲げる、曲げること、曲がりの意味があります。管をU字形や円形などに曲げて、スプリング状にグネグネと動くようにした伸縮継手です。

　伸縮曲がり管、エクスパンションベンドなどとも呼ばれます。安価ですがスペースを取るので、工場などの広い空間でよく使われます。

　ベローズ型、スリーブ型、ベンド型のほかに、ボールジョイントという伸縮継手も使われます。配管を、軸をずらして（クランクさせて）つなぎ、つなぎの部分のジョイントが回転するようにしたものです。

　　伸縮継手 → ベローズ型、スリーブ型、ベンド型、ボールジョイント

　鋼の線熱膨張係数は、コンクリートと同様に10^{-5}/℃です。1℃の変化で、長さの変化率が10^{-5}です。100℃変化すると長さの変化率は$100 \times 10^{-5} = 10^{-3}$。1m＝1000mmの鋼管は約1mm伸びます。10mでは約1cm、20mでは約2cmです。長い直線配管では、どこかで逃げを取る必要が出てきます。ちなみに、鋼とコンクリートの膨張がほぼ同じなので、鉄筋コンクリートが可能となったわけです。

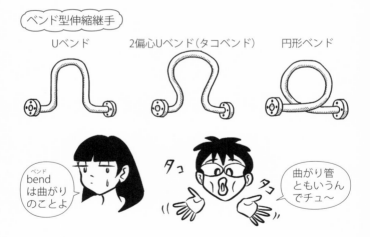

ベンド型伸縮継手

Uベンド　　2偏心Uベンド（タコベンド）　　円形ベンド

Q スイベル（swivel）継手とは？

A 下図のような、エルボを3つ以上使ってつないだ、伸縮に対応できる継手です。

主管から枝管を分岐する場合、T形の継手だけで分岐すると、主管の伸縮の影響を受けやすくなります。逃げが効かないからです。

下の図のように、何回か直角に曲げると、そこがスプリングのように柔軟な構造となります。エルボ（elbow）とはひじのことですが、配管では直角などの曲がりの継手をいいます。<u>エルボを3つ以上つなぐと、バネのような効果をつくることができます。</u>

<u>スイベル</u>（swivel）とは、さる環、回転台が原義です。さる環とは釣具の一種で、糸と糸を結ぶときにその金具を使います。2つの金具が別々に回転するので、糸がからみにくくなります。さるが木にぶら下がって回っているようだから、この名が付けられました。

エルボをつないでスイベル継手をつくるのが普通ですが、回転するいくつかのエルボが最初からセットされた既製品もあります。

3

給湯設備

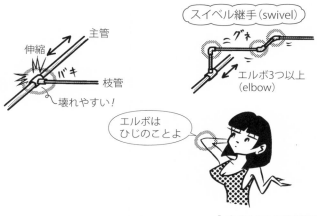

スイベル継手（swivel）

ニグネ

エルボ3つ以上
（elbow）

主管
伸縮
バキ
枝管
壊れやすい！

エルボは
ひじのことよ

【 すべるように動く継手 】
スイベル

【 】内スーパー記憶

Q 自動空気抜き弁とは？

A 下図のような、配管中の空気を自動的に抜く弁です。

水を高温にすると、水に溶けていた空気や水蒸気などの気体が多く出てくるので、上に凸の部分があると、そこに気体がたまりやすくなります。これをエアロック（**air lock**）、空気だまりなどと呼びます。空気がたまると、水に引かれて空気が膨張して負圧（大気圧より小）となり、水を引っ張るので、水が流れにくくなります。

　自動空気抜き弁は、そのような空気を自動的に外に出す弁です。中にフロートを入れて、それによって開閉する方式で、給湯管に主に使われます。管から少し立ち上げて、空気が抜けやすいようにして取り付けます。

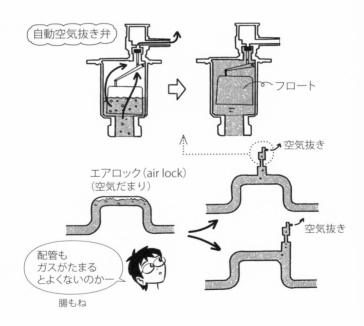

自動空気抜き弁

フロート

空気抜き

エアロック（air lock）
（空気だまり）

空気抜き

配管も
ガスがたまる
とよくないのかー

腸もね

Q 逃し弁（にがしべん）とは？

A 給湯管の内部の過剰な水圧、水蒸気圧を避けるために、水や水蒸気を逃がすための弁です。

 0℃の水を100℃に熱すると、4%ほど体積が膨張します。そのため、膨張によって配管を壊してしまう危険があります。給湯管は、管自体が膨張するばかりでなく、中の水も膨張します。

給湯設備では、水の膨張によるエネルギーを逃がすため、さまざまな工夫が施されています。そのひとつが逃し弁（relief valve）です。圧力逃し弁（pressure relief valve）ともいわれます。reliefとは緩和、除去といった意味です。

水が必要以上に膨張しはじめると、その水圧によってスプリングが押されて弁が開きます。ある程度水が出ると、水圧は弱まり弁が閉じて、管内部の水圧は安全域に戻ります。危険な圧力を防ぐための、安全弁の一種です。

逃し弁の記号は、弁の上にバネの形。給湯管の記号は、軸に直交する短い1本線の入った線です。ついでに覚えておきましょう。

　　　管の膨張を逃がす → 伸縮継手（ベローズ型、スリーブ型、ベンド
　　　　　　　　　　　　　　型、ボールジョイントなど）
　　　水の膨張を逃がす → 逃し弁

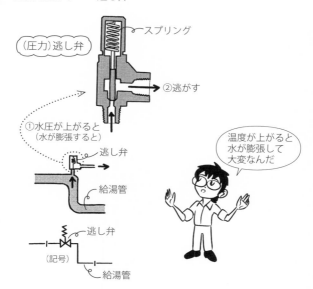

（圧力）逃し弁

スプリング

②逃がす

①水圧が上がると
（水が膨張すると）

逃し弁

給湯管

温度が上がると
水が膨張して
大変なんだ

逃し弁

（記号）

給湯管

3

給湯設備

Q 逃し管（にがしかん）とは？

A 下図のように、給湯設備に設ける過剰な水圧を逃がすための管です。

下図のシステムは、お湯をつくってためる貯湯槽（ちょとうそう）から循環するように、給湯管が上階に回されたものです。水を熱すると、膨張して水圧が上がります。どこかで水圧を逃がさないと、管が壊れてしまいます。前項の逃し弁もその方法のひとつですが、大きい仕組みもつくります。

　貯湯槽から逃し管を上に伸ばして、給湯管よりも上に出します。給湯管よりも下だと、お湯が常にこぼれてしまいます。給湯管の最上部にお湯が到達するように、それより上に逃し管の出口をつくっておきます。

　設計にもよりますが、給湯管最上部よりも**5〜6m上**が普通です。給湯管内部の圧力がお湯を循環させるのに必要な水柱より**5〜6m**高くなった場合、逃し管の出口からお湯があふれて出てくる仕組みです。これによって、給湯管内部の圧力が過剰になるのを防ぎます。

　逃し管の出口は大気に開放するので、<u>開放式水逃し装置</u>と呼ばれることもあります。あふれたお湯は捨ててはもったいないので、水槽にためておきます。その水槽を膨張水槽といいます。膨張して出てきたお湯をためる水槽です。逃し管のことを膨張管ということもありますが、同じ理由です。膨張水槽にためたお湯は、貯湯槽に戻して再利用します。

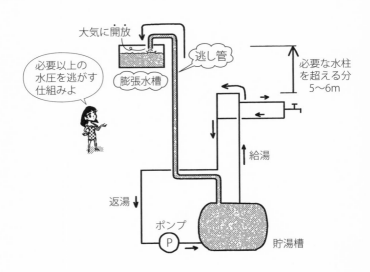

Q 密閉式膨張タンクとは？

A 下図のように、内部に圧縮空気を封じ込めたタンクで、過剰な水圧を逃がすためのものです。

密閉式膨張タンク内の水と圧縮空気は、隔膜によって隔てられています。隔膜はダイヤフラム（**diaphragm**）ともいいます。ダイヤフラム型密閉式膨張タンクともいいます。ダイヤフラムは横隔膜が原義ですが、鉄骨柱を横断するように入れる板（プレート）もダイヤフラムといいます。

　水圧が上がると、隔膜は空気側に張り出して、水圧を吸収します。水圧が下がると、隔膜の位置は元に戻ります。水の膨張を逃がすタンクなので、膨張タンクとも呼ばれます。

　密閉式とは、大気に対して密閉しているということです。配管全体を通して、大気と接する部分がまったくありません。そのため、汚染の可能性は少なく、高い所に膨張水槽を置く必要もなく、メンテナンスも楽です。ただし、水圧による破損の可能性は高いので、膨張タンク、逃し弁も必要となるわけです。大気に開放しないで水圧を逃がすシステム全体を、密閉式水逃し装置といいます。

　　開放式　→　膨張水槽＋逃し管……大気に開放
　　密閉式　→　膨張タンク＋逃し弁…大気から密閉

（密閉式膨張タンク）

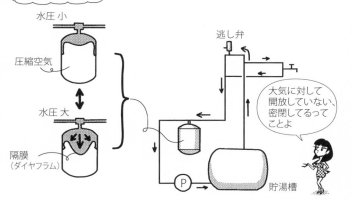

水圧 小

圧縮空気

水圧 大

隔膜
（ダイヤフラム）

逃し弁

大気に対して
開放していない、
密閉してるって
ことよ

貯湯槽

P

3

給湯設備

Q 1　熱による管の膨張対策は？
　　2　熱による水の膨張対策は？

▼

A 1　伸縮継手、スイベル継手など。
　　2　膨張水槽＋逃し管、密閉式膨張タンク＋逃し弁など。

給湯管では熱が加わるので、管も水も膨張します。そのため何もしない
と、管があちこちで壊れてしまいます。

　管の膨張対策には、伸縮継手があります。ベローズ型、スリーブ型、
ベンド型などがあります。また、クルクルと動くボールジョイントという
う継手もあります。エルボを3点以上使うスイベル継手も有効です。

　水の膨張対策としては、給湯管の上に、膨張した水を逃し管で逃がし
て膨張水槽に入れる方法、大気に対して密閉状態にある密閉式膨張タン
クと逃し弁を使う方法があります。

　下図に、伸縮継手、給湯管、返湯管、継手、逃し弁などの記号も描い
ておきます。膨張対策はまとめて覚えておきましょう。

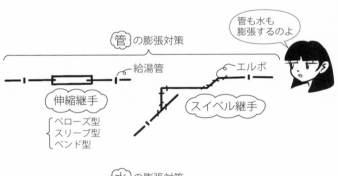

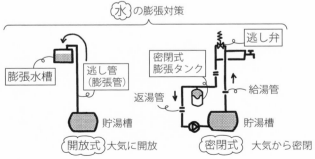

 **R112**

給湯方式　その1

Q 貯湯槽のお湯はどうやって温める？

A ボイラでつくった高温の蒸気や水を、内部のコイルに回すか、外部の熱
交換器に回して温めます。

直接火で貯湯槽の水を温めるのは危険なので、大型の槽では行われてい
ません。外のボイラから熱をもらって温めます。その熱のもらい方には
大きくは2種類あって、内部で温める方式と、外部で温める方式です。

　コイルとは、グルグル、グネグネとした、トグロ状、つづら折り状の
管です。表面積を大きくして、熱が伝わりやすくしています。

　熱交換器は、高温蒸気の熱を貯湯槽の水に伝えるための機械です。両
者をコイルとして熱が伝わりやすいように一緒に巻き込んだもの、水と
高温蒸気の間に板を置き、その板をグネグネ、グルグルと曲げて、表面
積を大きくしたものなどがあります。

　貯湯槽は、法律的には圧力容器です。内部にコイルが組み込まれたも
のと、外部に熱交換器を設けたものとでは、異なる分類の圧力容器とな
ります。外部に熱交換器を設けるタイプの貯湯槽は、検査、届け出の基
準が緩和されています。また、貯湯槽の内部にコイルを入れなくていい
ので槽のサイズを小さくでき、熱交換する部分が外なので、メンテナン
スが楽といったメリットがあります。

3 給湯設備

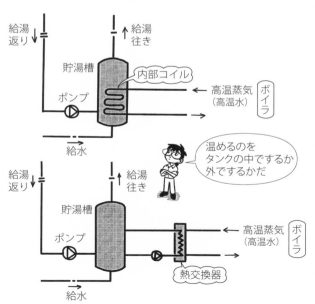

Q 貯湯槽からお湯を循環させるのは？

▼

A すぐにお湯が使えるようにするためです。

🔷 貯湯槽＋ボイラによって、1カ所でお湯をつくってためる方式を中央式といいます。中央式に対して、使用する場所ごとに瞬間湯沸かし器を置く方式が局所式です。

　ホテルや病院などでは、常に大量のお湯が必要です。そのため、お湯を一定量ためておく必要があります。貯湯槽に沸かしたお湯をためておいて、そこからお湯を循環させる方式を貯湯式といいます。その場で沸かす瞬間式に比べて、お湯の不足を防げます。

　お湯を常に循環させるためには、往き管（送り管）と返り管の、2管が必要となります。2管式といいます。湯沸かし器から送るだけの単管式に比べて、お湯が常に回っているので、すぐにお湯が使えます。

　普通はポンプで強制的に循環させます。強制循環方式といいます。それに対して、お湯が冷めると収縮して重くなって下がり、熱すると膨張して軽くなって上がることで循環させるのが、自然循環方式です。

　瞬間湯沸かし器から単管で給湯する方式では、しばらくの間待っていないと、お湯が出てきません。一般住宅ではこちらが普通です。

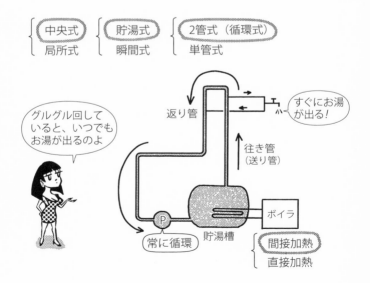

Q リバースリターン方式とは？

A 下図のように、流量の分布を均一にするために、いったん逆方向に流してから元に戻す配管方式のことです。

リバース（**reverse**）は、逆方向の、反対方向の、といった意味です。リターン（**return**）は、戻る方向の、という意味です。リバースリターン方式は、逆に往かせてから元に戻す配管で、往き管か返り管の、どちらかで行います。

　下図でAは手前にあって、Bは奥にあります。Aの返り管をそのまま戻すと、Aの方が行程が短くなります。お湯が流れる管の全行程、全長が短いということは、Bに比べて抵抗が少ないということです。Aの方が勢いよく流れて、Bの方がチョロチョロ流れることになります。

　さらに、多くの枝管や水栓があると、すべての抵抗に大小があるので、配管全体として流量が均一になりません。全体の流れが、阻害されることにもなります。そこで、下図のようにAの返り管をいったんBの方に、つまり逆方向に流してから戻して、全体として流れを均一にする工夫が考えられたわけです。

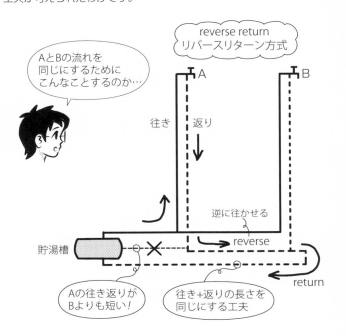

reverse return
リバースリターン方式

AとBの流れを
同じにするために
こんなことするのか…

往き　返り

逆に往かせる

reverse

貯湯槽

return

Aの往き返りが
Bよりも短い！

往き+返りの長さを
同じにする工夫

3

給湯設備

Q 給湯の上向き式、下向き式、上向き下向き式とは？

A 下図のように、枝管を分岐する際の往きの給湯立て管内のお湯の流れ
が、上向き、下向き、上向き下向きの方式です。

中小規模の建物では、上向き式が一般的です。下向き式は、いったん上
に主管を立ち上げ、その後に立下がり配管とします。その下向きの主管
から枝管を分岐します。

　上向き式だと大型の建物の場合、立ち上がりの主管が何本にもなりま
す。最下部の横主管から最上部まで、太い立て主管が必要です。下向き
の場合、立下がりの主管は最後の分岐横管までですみます。大型になる
と下向き式の方が、配管コストが若干少なめになります。

　上向きと下向きを組み合わせたのが、上向き下向き式です。上がりな
がら分岐して、さらに下がりながら分岐します。

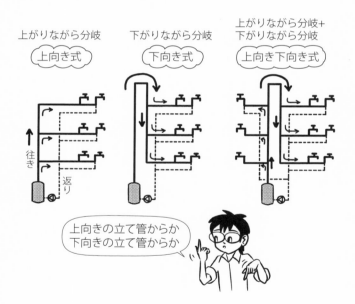

Q 住宅で1日1人当たりの給湯量は？

A 60℃のお湯を75〜150L程度です。

お湯の温度は、55〜60℃です。低い温度だと、レジオネラ属菌などの細菌が増殖するおそれがあります。病院、高齢者施設などの抵抗力の弱い人が使用する建物の場合は、特に注意が必要です。また、低温のお湯だと給湯量が多くなり、配管径を太くしなければなりません。

60℃のお湯は、蛇口で水と合わせて40℃前後とします。お湯の使用量は個人差がありますが、大まかにはデータ表の数値を使います。

住宅では、75〜150L/day・人程度ですが、これも1人住まい、2人住まい、3人住まいなどで1人当たりの量も変わってきます。

ホテルでは、住宅よりも贅沢にお湯を使うので、100〜200L/day・人程度となります。使用するお湯の量は、このように1人当たりとする場合、1ベッド当たり、1m²当たりとする場合など、いろいろなカウントの仕方があります。また、水栓器具数から計算することもあります。

> 住宅の給水量 → 200〜400L/day・人
> 住宅の給湯量 → 75〜150L/day・人

ちなみに、お湯は水を温めたものなので、200〜400L/day・人の給水量の中に、75〜150L/day・人の給湯量は含まれます。

3

給湯設備

セリフ：1Lのペットボトル100本！

セリフ：12本入りの箱8箱！

住宅の給湯量＝1日1人当たり75〜150L
（60℃）　　　　　　　　　　　（L/day・人）

Q 汚水管の図面記号は？

A 下図のような、半円と実線を組み合わせた線です。

汚水管とは、トイレの排水を流す管です。大便を流すために、給水管、排水管の中では一番太い管となります。

　横引きを長くしたり、立て管の途中を大きく曲げたりすると、文字どおり「ふんづまり」になってしまいます。基本設計の段階から、汚水の立て管をどこに通すかの目安は付けておく必要があります。

　管径は、ひとつの大便器からの排水では75mm以上、2つ以上の大便器からの排水では100mm以上とします。給水管が20mm程度なので、はるかに大きな口径の管となります。

　重力によって流すので、勾配も付けます。管径が75〜100mmでは、1/100以上とします。1/100の勾配とは、100cm行って1cm下がる勾配です。勾配が急すぎても、水が先に流れてしまって、大便が流れなくなることもあります。

　汚水管には、硬質塩化ビニル管（VP）、亜鉛メッキ鋼管（白ガス管：SGPW）、耐火2層管（トミジ管）、鋳鉄管（ちゅうてつかん）などが使われます。塩ビライニング鋼管は、上水には使われますが、下水にはコストの点で使われることが少ないようです。下水ではサビ（赤水）が出ても問題ありません。

　耐火2層管は、防火区画を貫通する箇所に使われます。塩ビ管だと燃えてしまって、その穴から火や煙が伝わってしまいます。鋳鉄管は、鋳型（いがた）に溶かした鉄を流し込んでつくった製品で、鉄のリサイクル品が多いです。サビに強く、排水管によく使われます。

　　ひとつの大便器 → φ75mm（1/100）以上
　　2つ以上の大便器 → φ100mm（1/100）以上

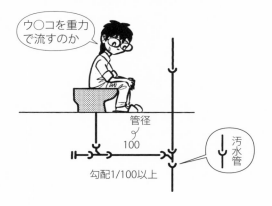

ウ○コを重力
で流すのか

管径
φ
100

汚水管

勾配1/100以上

Q 雑排水管（ざっぱいすいかん）の図面記号は？

▼

A 下図のような実線です。

汚水管は半円＋線、雑排水管は線のみです。復習として、給水管は1点鎖線、給湯管は直交する短い線＋線です。水栓の記号はハンドルをマークにした形で、白は給水栓、黒は給湯栓、白と黒は混合水栓です。

給水管　→　1点鎖線　　　━ ー ・ ━

給湯管　→　直交する短い線＋線　　━━Ⅰ━━

汚水管　→　半円＋線　　━◠━

雑排水管　→　線　　━━━━

給水栓　→　円＋4本の短い線　✕

給湯栓　→　黒い円＋4本の線　✖

混合水栓　→　左半分が黒、右半分が白の円＋4本の線　✖

　雑排水は、洗面、洗濯、キッチン、風呂などの排水です。洗剤や汚れを含んだ水で、固形物はあまり含まれていません。キッチンの排水管は、注意が必要です。油を流す利用者もいるので、横引きは短い方が無難です。

　雑排水管の径は、住宅内の枝管で50mm程度とします。合流させる器具数が多くなると、65mm、75mm、100mmと太くしていきます。

4

排水設備

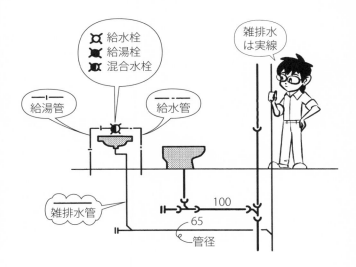

Q 大曲りYとは？

A 下図のような、排水管の継手のことです。

排水の場合は、重力で流します。給水のように、常に水圧がかかった状態ではありません。T字の継手の場合も、流れ方向に曲げます。それも大きく曲げるので、大曲りといいます。大きく曲げてY字形とするので、大曲りYと呼ばれます。大曲りYは、T字形の継手を流れやすいようにY形に曲げたものなので、TY継手ともいいます。

　給水の場合は常に水圧がかかっていて、しかも水は管の中に満杯の状態で入っています。管をいったん天井に回して下に下ろしても、水は流れます。排水の場合はそうはいきません。床下でどれだけ短い距離で立て管まで持っていくかが勝負です。あまり横引きが長くなると、勾配が取りにくくなり、また詰まりやすくなります。

　排水管をただ直角に曲げるだけでも、大曲りエルボと呼ぶエルボを使います。給水管のエルボよりも半径（曲率半径）が大きいエルボです。

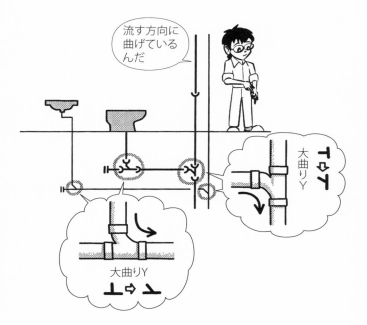

流す方向に曲げているんだ

大曲りY

大曲りY

Q Y継手とは？

A 下図のような、45°に合流させる排水管の継手のことです。

大曲りYはぐるっと回して90°、T字形に曲げてつなぐ継手でした。そのため、TY継手ともいいます。

Y継手は、排水管を45°に合流させます。45°Yとも呼ばれます。

Y継手は45°に合流させるので、器具側にも45°エルボなどで角度を付けます。下図を見ると、上から見た平面図でも角度が付いています。Y継手もそのまま真上に向けるのではなく、少し横に倒した状態でつなぎます。

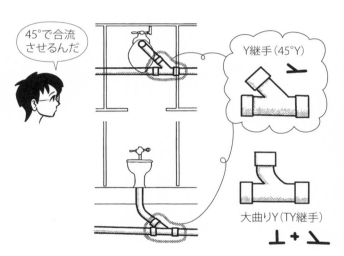

45°で合流させるんだ

Y継手（45°Y）

大曲りY（TY継手）

4

排水設備

Q 床下掃除口、床上掃除口の図面記号は？

A 下図のように、排水管端部に2本線、丸に2本線を引きます。

床下掃除口は、排水管の端部に2本線です。排水管端部にキャップをする形なので、覚えやすいでしょう。排水管端部を曲げて床まで立ち上げてキャップをしたのが、床上掃除口です。2本線を丸で囲みます。上から見た形が丸なので、こちらも覚えやすい記号です。

　排水管は詰まりやすいので、あちこちで開けて掃除できるようにしておきます。排水管端部にねじ込み式のキャップを付けて、そこから高圧洗浄機などの掃除道具を入れられるようにします。

　排水管はエルボでつながずに、大曲りYやY継手などでつないで端部をわざとつくり、掃除ができるようにします。床下掃除口の場合は、天井や床に点検口をつくって、掃除口のメンテナンスができるようにしておきます。

　床上掃除口は、キャップを開けるだけで床上から掃除ができます。オフィスビル、学校などの集合トイレの排水管端部でよく使われます。トイレの床で、円形のキャップを確認しておきましょう。

　コンクリートのスラブ下に排水管を持っていくと、マンションの場合は下階にある他人の家で修理しなければならず、水漏れや音漏れの心配もあります。マンションでは配管はスラブ上が基本です。オフィスビル、学校などは、下の階の天井を開けられるので、床スラブ下の配管でも可能です。

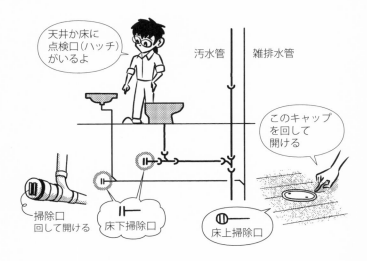

Q 通気管の図面記号は？

A 下図のような破線です。

破線は実線の間を等間隔に白抜きにした線で、点線よりも実線部分が長いものです。

　通気管を付けると、水の流れはスムーズになります。通気管なしで水を管に流すと、水が空気を巻き込んで、水中に引っ張り込みます。これにより、水より上部の空気は大気よりも薄くなります。空気圧が大気圧よりも小さい状態を負圧といいます。負圧になると、水が上に引っ張られてしまいます。そのため、洗面器や便器などの器具の穴からゴボゴボと空気を吸い込みながらぎこちなく流れていきます。

　しょう油のビンには、空気穴があいています。しょう油をスムーズに出すためのものです。空気穴がないと、注ぐ穴から空気が入ろうとして、しょう油がスムーズに出てきません。通気管の原理と同じです。

　水が流れる際に、水の下にある管内の空気を圧縮して大気圧よりも高い空気圧となることもあります。下の空気は正圧となって、水を押すようになるので、それも流れを阻害することになります。その圧縮される下の空気に、空気を供給できるようにするのも通気管の役目です。

　通気管は、排水管内の空気が正圧、負圧になることを防いで、大気圧と同じ状態にしておくための工夫です。通気管の端部は、建物の外の大気に開放しておきます。室内で開放しても、部屋自体が密閉されている場合は、大気圧とならないので、外壁やパイプスペースに通気管を出すことになります。

4

排水設備

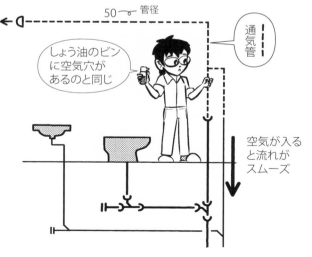

Q ベントキャップの図面記号は？

▼

A 下図のような、半円形に矢印です。

■ ベントキャップ（vent cap）のベント（vent）とは、通気口、排気口、通気管、排気管のこと、ベントキャップは、通気口、排気口などに付けるキャップ、蓋のことです。通気管だけでなく、排気管の出口にも付けます。半円形はキャップの形、矢印は空気の出口を示していて、大気に開放されていることを表しています。

　キャップには、ガラリが付けられています。ガラリは、下向きの羽根を重ねたもので、雨の浸入を防ぎながら空気が出入りできるようにしたものです。庇を付けて、雨をさらに入りにくくした製品もあります。

　通気管、排気管が防火区画を貫通する部分に設けるベントキャップには、防火ダンパを付けます（R186参照）。ダンパ（damper）は通風調節弁のことで、dampには鈍らせる、はばむという意味があります。防火ダンパは火や煙を遮断するための弁です。熱によってはんだが溶けて、弁が閉まる仕組みになっています。貫通した穴から火や煙が移るので、それを防ぐためのものです。その場合、防火ダンパ付きベントキャップと指定します。

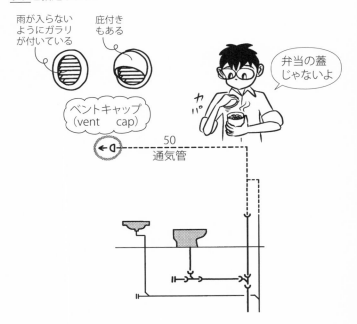

雨が入らないようにガラリが付いている

庇付きもある

ベントキャップ
（vent　cap）

弁当の蓋じゃないよ

50
通気管

Q 平面図での立て管の描き方は？

A 下図のように、立て管断面の円形と斜め線の組合せです。

建築の平面図は、目線くらいの高さの水平面で切断して上から見た図です。設備図の場合は、切断位置はあいまいです。立て管は、パイプの断面＝円となって見えます。それだけだと、管が上に行くのか下に行くのか両方なのか、わかりません。そこで斜め線を使うわけです。

　立上がり管は右上に斜め線、立下がり管は左下に斜め線を付けます。よりていねいに描くときは下図のように、上か下かの方向によって、パイプ断面の円形に線を重ねる方法があります。

　パイプ断面の円形から上に出る方を、円の上に重ねるように描きます。立上がりの場合は、パイプ断面よりも上に立て管が伸びています。断面よりも上に伸びている感じを出すために、立て管の斜め線を円の上に重ねて描きます。

　立下がり管の場合は、横管の方がパイプ断面よりも上にあります。パイプ断面の円形に重ねるように横管の線を描くと、横管が上にあるように見えてしまいます。斜め線を円で止めて描くことで、上に出る横管が勝っているように、立体的に見えるわけです。

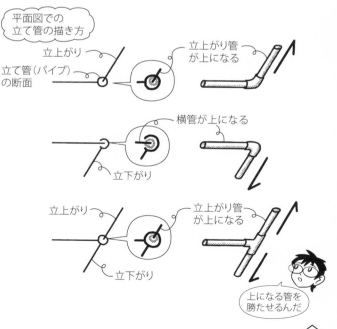

平面図での
立て管の描き方

立上がり

立て管（パイプ）
の断面

立上がり管
が上になる

横管が上になる

立下がり

立上がり

立上がり管
が上になる

立下がり

上になる管を
勝たせるんだ

4

排水設備

131

Q 管の継手の図面記号は？

A 下図のように、管の線に直交する短い線で表します。

通常の継手は、つなぎ目を表す短い線を縦にチョンと入れる感じです。
　　フランジ接合（**flange joint**）は、管の端に耳あるいは、縁の付いた
フランジどうしを、ボルトで留める継手のことです。フランジが2枚と
なるので、2本のチョンを入れます。
　　ユニオン接合（**union joint**）は、直線方向につなぐための継手金物で
す。両方からねじ込むなどしてつなぎます。unionは結合という意味で
すが、配管でユニオンといえば直線状の継手です。2本のチョンだと、
フランジと同じ記号になってしまいます。そこで、管どうしのつなぎ目
を大きなチョンで、ユニオンのつなぎ目を2本の小さなチョンで表しま
す。
　　このような管の継手を表す記号は、省略されることもあります。

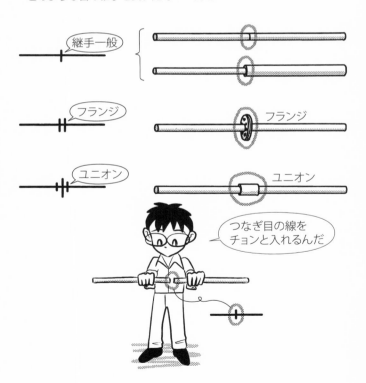

Q エルボ、チーズ、立て管の図面記号は？

▼

A 下図のように、管の線に直交する短い線で区切って表します。

管を表す長い線に、チョンと短い線を交差させます。そこで管と管をつないでいるように見せます。その中にL字形のエルボ、T字形のチーズが形として見える仕組みです。

平面図での立て管では、<u>立て管を示す斜め線の方にはチョンを入れない</u>のが普通です。水平方向の管に入れるだけです。平面図は水平面で切断した図ですから、斜め線は想像の線です。わかりやすくするために入れているだけなので、こちらに実態的な継手を表す線は描かないのが普通です。

断面図では、横管と立て管の継手は見えてくるので、継手の短い線＝チョンは描きます。

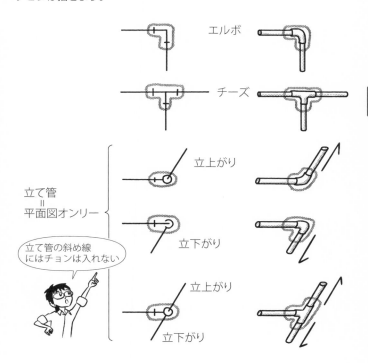

Q 洗浄弁の図面記号は？

▼

A 下図のような二重の円で、内側の円を黒く塗りつぶします。

洗浄弁はフラッシュバルブ（flush valve）ともいいます。フラッシュとは、ザーッと流す、ドッと流すという意味です。タンクを使わずに、直接給水管につないでその水圧で流します。カメラのフラッシュ（flash）とは違います。ちなみに桟の見えないフラットな戸をフラッシュ戸（flush door）と呼びます。この場合のflushは平面の、平らなという意味です。

下図では、給水立て管を床上で分岐して横に出し、立ち下げて床下に入れています。パイプスペースなどでは、工事やメンテナンスがしやすいように、少し上に上げた所で分岐しています。床下を這わせて、便器の裏側の配管を隠す腰壁で立ち上げて、分岐してそれぞれの洗浄弁へとつなげます。

配管を隠す壁は、ライニング（lining）ともいいます。liningは被覆すること。また配管内部に樹脂などを付けるのもライニングといいます。小便器、大便器の立上がり管を隠す小さな壁もライニングといいます。

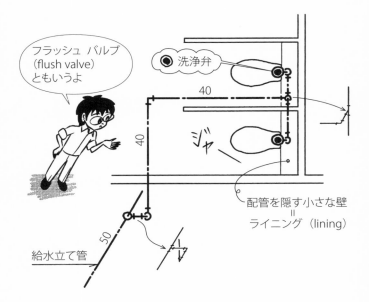

フラッシュ バルブ
（flush valve）
ともいうよ

◉ 洗浄弁

40

40

ジャ

配管を隠す小さな壁
＝
ライニング（lining）

給水立て管

50

Q 排水口の図面記号は？

A 下図のように、円形です。

 排水口は、短い立て管ともいえます。立て管の上が見えているので、円形で表します。円形の中にバツ印を描くこともあります。

　下図の場合、洗面の排水を汚水管に合流させています。雑排水を1階まで汚水とは別に流す場合と、このように途中で合流させる場合があります。

　立て管は平面図では斜め線ですが、水の流れる方向を示す矢印を付けることもあります。給水立て管は上向きの矢印、汚水立て管は下向きの矢印です。

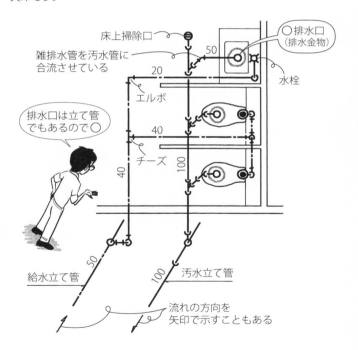

床上掃除口

○排水口
（排水金物）

雑排水管を汚水管に
合流させている

50

20

水栓

エルボ

排水口は立て管
でもあるので○

40

チーズ

40

100

給水立て管

50

100

汚水立て管

流れの方向を
矢印で示すこともある

4

排水設備

〈135〉

Q 床排水口（床排水金物）の図面記号は？

A 下図のように、ハッチング（網掛け）した円です。

 ハッチング（ハッチ hatch）とは、斜め線などを多く引いて、網掛けにする図法です。排水口の蓋に格子が付いているので、見た目が記号に似ています。同じhatchで、上げ蓋という意味もあります。潜水艦や船のデッキにある上げ蓋で、建築でも使われるようになりました。

　床排水口は、掃除のときに水を流せる排水口です。床上掃除口は、キャップを外して、中の管を掃除する口です。汚水管は詰まりやすいので、床上掃除口か床下掃除口を多く付けます。

　掃除口といっても、床を掃除するのではなく、管の中を掃除する口です。床上掃除口の蓋を開けて掃除の水を流すことは、普通はしません。臨時の排水口として使うこともありますが、トラップ（**R140**参照）がないので、臭いが上がってきてしまいます。

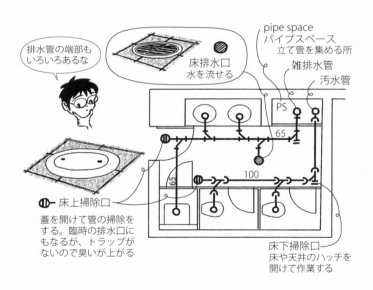

排水管の端部もいろいろあるな

pipe space
パイプスペース
立て管を集める所

雑排水管

汚水管

床排水口
水を流せる

PS

65

100

65

●Ⅱ► 床上掃除口
蓋を開けて管の掃除をする。臨時の排水口にもなるが、トラップがないので臭いが上がる

床下掃除口
床や天井のハッチを開けて作業する

Q 通気管はどのように付ける？

A 下図のように、排水管から立ち上げて付けます。

通気管は、汚水管、雑排水管などの排水管に空気を送り込んで、流れをスムーズにするために設けるものです。通気管をつなぐことで、排水管内の空気は大気圧に保たれます。

通気管を排水管の下や同じレベルでつなぐと、排水が通気管の中に入ってきてしまいます。それを避けるため、排水管から上に立ち上げるように、通気管をつなぎます。

排水管と交差する所では、排水管より上を通気管が通ります。図面（平面）でも、排水管よりも通気管が上にあるように描きます。

住宅や小さなマンションなどでは、排水立て管をそのまま上に伸ばして、通気管の代用とすることもあります。排水立て管を上に伸ばして、パイプスペース内やベントキャップで大気に開放します。空気は上からしか入りませんが、何もしないよりも流れはよくなります。室内で立て管を開放するのは、臭いや虫が出てくるので不可です。

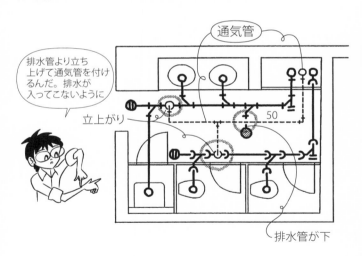

排水管より立ち上げて通気管を付けるんだ。排水が入ってこないように

立上がり

通気管

50

排水管が下

Q 伸頂通気管とは？

A 下図のような、汚水管などの排水立て管を上に伸ばして、通気管としたものです。

頂部を伸ばして通気管としたものなので、伸頂通気管といいます。排水管横引きが短い場合や、器具数が少ない場合などに採用されます。伸頂通気管は、パイプスペース内部や屋内の天井裏などに立ち上げます。

　伸頂通気管の最上部には、通気弁を付けます。排水立て管を切ったままだと、臭いや虫が上がってきてしまいます。ドルゴ弁などの通気弁を付けて、臭気や虫が上がるのを防ぎます。通気弁は、排水管内部が正圧、負圧になった場合に開く仕組みになっています。ドルゴ弁は、薄いゴムの膜を使った通気弁です。

　屋内天井裏に出す場合は、天井裏に空気を入れるための給気口、メンテナンスのための点検口を天井に付けておきます。

伸頂通気管

通気弁

正圧、負圧時に
弁が開く
臭いが出にくい

排水立て管の
頂部を伸ばして
通気管とした
ものだ

ガー

Q ループ通気方式、各個通気方式とは？

A 下図のように、ループ通気管1本を排水横管端部につなぐのがループ通気方式、器具ごとに通気管をつなぐのが各個通気方式です。

ループ（loop）とは輪のことです。排水横管と通気管がループ状になるので、ループ通気管といいます。ループ通気管は、排水横管最上流の器具のすぐ下流側につなぎます。オフィスビル、学校などの、器具をいくつもつなぐ排水では、ループ通気管方式がよく採用されます。

各個通気方式は、文字どおり器具各個に1本ずつ通気管をつなぐ方式です。通気方式としてはベストですが、コストがかかるのであまり行われません。

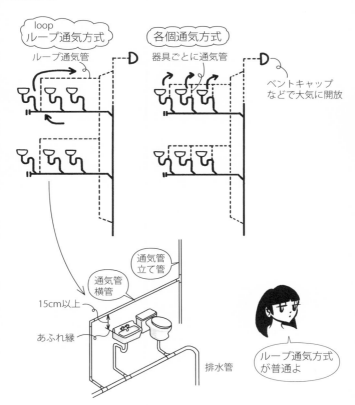

Q 排水枡（はいすいます）を使うのは？

A 建物からの排水管の受止め、合流、方向転換、中継などに排水枡を使うと流れがスムーズになる、メンテナンスが便利になる、<u>最終枡</u>では工事の区分がはっきりするからです。

枡は土に埋める排水用の箱で、立て管が落ちる所、雑排水管と汚水管が合流する所、方向転換する所などに入れます。図面記号は正方形です。

　立て管をそのまま横管につなぐと、水流が乱れて、流れにくくなります。いったん枡に入れてそれから横に流すと、空気も入って流れやすくなります。また、ゴミをそこで除去できます。

　雑排水管と汚水管を合流させる場合も、枡で合流させるとよく流れます。管に流れている排水に合流させるのではなく、枡で合流させるわけです。

　横管を方向転換した所にも枡を置けば、流れがスムーズになり、ゴミも取りやすくなります。

　横管が長すぎると、途中でゴミが詰まっても取りにくく、空気も入ってこないので流れも悪くなります。そこで、途中に中継としての枡を入れます。直線部で管径の<u>120倍以内</u>が目安です。径100mmの場合、12m以下ごとに枡を入れます。

　敷地内から道路へ出す最後の場所に、最終枡を置きます。そこから先の工事は公共側となり、内側は建築主側の工事となります。流れをスムーズにするばかりでなく、工事区分が明瞭になります。

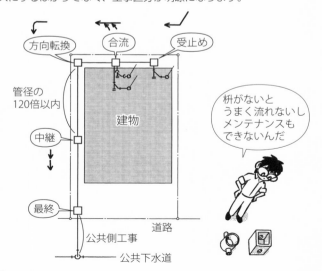

枡がないとうまく流れないしメンテナンスもできないんだ

Q インバート枡とは？

A 下図のような、底面に半円形断面の溝がある枡のことです。

インバート（invert）とは、逆にするとか逆アーチなどの意味があります。逆アーチ状に溝が切り込まれた枡のことを、インバート枡といいます。

汚水を流す枡（汚水枡）では、大便やトイレットペーパーなどが流れてきます。普通の枡だと、底にたまってしまうおそれがあります。そこで、排水管と同じ断面の溝を底につくり、スムーズに固形物が流れるようにしたのが、インバート枡です。汚水用に使われるので、汚水枡ともいいます。

インバート枡は、コンクリート製の四角い箱の底に溝があるもの、樹脂製の円筒の底に溝があるものなどがあります。

図面記号としては、正方形の中に円形を描きます。この円形はマンホールの形を表したものです。汚水の臭いが上がるのを防ぐため、防臭マンホールを付けます。450mm角、深さ800mmの枡は、450□×800Hなどと書きます。

枡の形が円筒の場合は、円形の輪郭を描くこともあります。その場合も円形の中に円形を描いて二重円として、内側の円で防臭マンホールを表します。

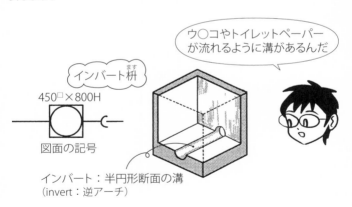

ウ○コやトイレットペーパー
が流れるように溝があるんだ

インバート枡

450□×800H

図面の記号

インバート：半円形断面の溝
（invert：逆アーチ）

4

排水設備

Q 雨水枡とは？

A 下図のように、下に泥だまりのある枡です。

雨水は、屋根の埃や土と一緒に流れてきます。雨水立て管から出た水を、まず雨水枡に流します。そこで埃や土をためてから下水管へと流すわけです。泥をためるので、ため枡ともいいます。

枡を通さずに立て管を直接横管につなぐと、渦ができて流れにくいばかりでなく、泥も一緒に流してしまいます。長い間に横管は、泥で詰まってしまいます。

雨水枡はこのように、汚水、雑排水用のインバート枡とは違ったつくりとなっています。図面記号は、正方形や円形の枡の形のままです。

雨水と汚水＋雑排水は、普通は別々に下水管に流します。その際、最終枡の外側、道路側に公設枡をつくることもあります。公共側が工事やメンテナンスのために設ける枡です。下水が雨水、汚水と別になっていない場合は、敷地の出口の最終枡で合流させます。

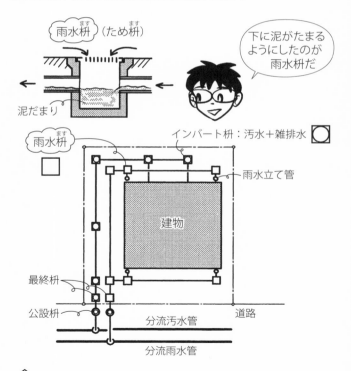

雨水枡（ため枡）

下に泥がたまる
ようにしたのが
雨水枡だ

泥だまり

雨水枡

インバート枡：汚水＋雑排水 ⬭

雨水立て管

建物

最終枡

公設枡

道路

分流汚水管

分流雨水管

Q 浸透枡（しんとうます）とは？

A 雨水を敷地内で浸透させて処理するための枡です。

分流雨水管に流した雨水は、最終的に川へと放流します。アスファルトの多い都市では、大雨のときに河川が氾濫するおそれがあります。そのため、雨水の敷地内浸透を義務付けている所もあります。ちなみに筆者の住んでいる市も、敷地内浸透が義務付けられています。

その場合は、浸透枡を使います。浸透枡とは、穴の多くあいた底のないコンクリートの箱や円筒です。雨水浸透枡ともいいます。

浸透枡の下と周囲には砂利を詰め、雨水が土に浸透しやすいようにします。大型の屋根の場合は、穴の多くあいた管を使います。浸透管とか浸透トレンチといいます。

トレンチ（trench）とは、戦争で使う溝、塹壕（ざんごう）が原義です。そこから溝一般のことを指して使われるようになりました。浸透管を埋める穴が横に長い溝なので、トレンチといいます。また、配管類を収めるコンクリートの溝も、トレンチといいます。

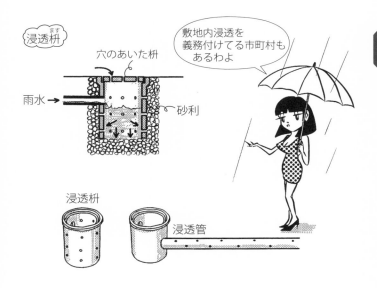

浸透枡

穴のあいた枡

雨水→

砂利

敷地内浸透を
義務付けてる市町村も
あるわよ

浸透枡

浸透管

4

排水設備

Q ドロップ枡とは？

A 高さの違う排水管どうしをつなぐための枡です。

ドロップ（drop）とは、落とすこと。ドロップ枡は、排水を落としてつなげるための枡です。敷地内では深さ40cm程度だった排水管を、深さ120cm程度の公設枡につなぐなどの際に、ドロップ枡を使います。

　排水管を曲げて急激に水位を下げると、渦ができて流れにくくなり、ゴミも詰まりやすくなります。そうしたことが起こらないようにするために、ドロップ枡で水位を下げるのが安全といえます。一般に、深さの調整にはドロップ枡を使います。

　ドロップ枡には流れをよりスムーズにするため、下図のような副管が設けられることもあります。さらに、汚水が入る場合はインバート（半円形断面の溝）が付けられます。通常のインバート枡の底の深いバージョンです。

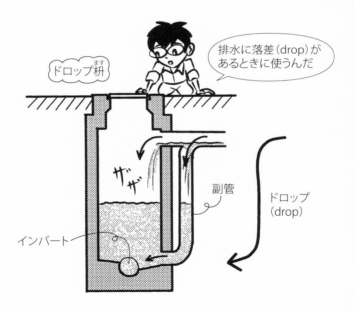

ドロップ枡

排水に落差（drop）が
あるときに使うんだ

ザザ

副管

ドロップ
（drop）

インバート

Q トラップ枡とは？

A 下図のような、汚水側の空気を遮断するためのトラップの付いた枡です。

🔲 雨水や雑排水を汚水と合流させる場合、汚水の臭いや虫、有毒ガスが上がってくるおそれがあります。そこでトラップ枡は、枡の中にトラップを付けて、汚水管の空気をいったん遮断します。トラップはそのためのものです（R140参照）。

　トラップ枡の図面記号は、枡の形の正方形の中にトラップ（Trap）のTの字を描きます。インバート枡は正方形に円、雨水枡（ため枡）は正方形です。

　台所の流し台などの器具にトラップが付いていると、枡のトラップと器具のトラップの間に空気が封じ込められてしまいます。その空気が正圧になると、トラップから水が噴出し、負圧になるとトラップの水が吸い込まれてしまいます。二重トラップというもので、基本的には禁止されています。

　二重トラップを防ぐには、トラップとトラップの間の排水管に通気管を設けて空気を入れる、間に普通の枡を入れて空気を入れるなどの工夫が必要となります。

4

排水設備

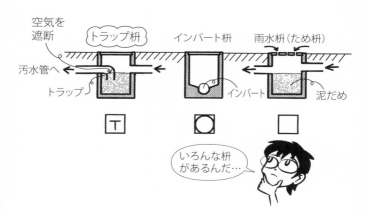

Q 下水管より下にある地下室などの排水はどう流す？

A 下図のような排水槽をつくって、ポンプで上げて下水管に流します。

公共の下水管より上の排水は、立て管から枡に流して下水管につなげば、重力によって勝手に流れていきます。一方、公共の下水管より下にある地下室の場合、重力では流れないので、ポンプで上げる必要があります。

　ポンプで上げるためには、排水槽をつくって、いったん排水をそこにためます。地下室では基礎梁の高さを使ったピット（pit：穴）が普通つくられます。コンクリート製床スラブで挟まれた空間です。その場所を使って排水槽をつくります。

　排水槽は、汚水槽、雑排水槽、湧水槽（地下水をためる）に分けることもありますが、合流させることもあります。

　排水槽には、ポンプを入れるための窪みをつくります。ポンプピット、吸込みピット、釜場（かまば）などと呼ばれます。排水槽底面は、ポンプピットに向けて勾配を付けて、流れやすいようにします。

　ポンプピットには2台以上の排水ポンプを入れて、交互運転します。1台が故障しても、もう1台を動かして急場をしのぐことができます。

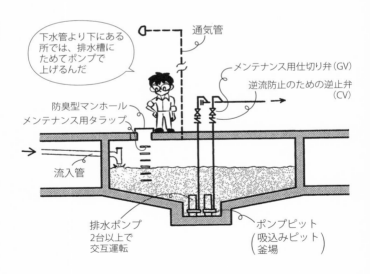

下水管より下にある所では、排水槽にためてポンプで上げるんだ

通気管

メンテナンス用仕切り弁（GV）
逆流防止のための逆止弁（CV）

防臭型マンホール
メンテナンス用タラップ

流入管

排水ポンプ
2台以上で
交互運転

ポンプピット
（吸込みピット）
（釜場）

Q トラップとは？

▼

A 排水管をS字形、P字形などに曲げて水がたまるようにして、臭いや虫が上がらないようにした装置です。

トラップ（**trap**）とは、わな、落とし穴が原義で、水を閉じ込めるような工夫のことをいいます。封じ込められた水は、封水（ふうすい）といいます。

封水が排水管内部の臭いや有毒ガス、虫が上がるのを防ぎます。封水が切れると、きつい臭いがするうえに、小さな虫が大量に上がってきます。

筆者は、封水の切れたマンションの部屋に入ったことがあります。臭いばかりでなく、大量の小さな羽虫が床一面にいたのには驚かされました。トイレや洗面所ばかりでなく、居間にまで広がっていました。空室を長く放っておくと、封水が蒸発してしまい、このようなことになります。掃除をして水を足せば、簡単に元に戻ります。空室時には排水口に食品用ラップを張っておくと、水が蒸発しにくくなり、また臭いや虫が上がるのを防げます。

4

排水設備

Q 封水深（ふうすいしん）とは？

A 下図のような、封水の深さのことです。

封水の深さといっても、管の一番下から封水の最上面までの深さではありません。封水深は、封水として有効となる最低水位から測ります。それより少なくなると封水として有効ではないので、最低水位から下の水は封水深には入れません。

封水深は、浅いと蒸発してすぐになくなってしまいます。また、排水管内部で負圧が生じた場合も引っ張られてすぐになくなってしまいます。一定以上の水位が必要です。

逆に深いと、汚れがたまりやすくなります。封水が流れにくくなって自浄作用がなくなり、堆積物がたまってしまいます。

一般に、封水深は50〜100mm程度がよいとされています。

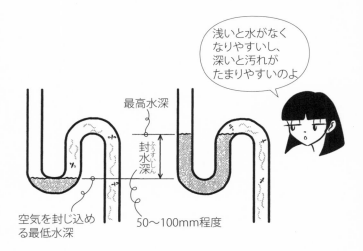

浅いと水がなくなりやすいし、深いと汚れがたまりやすいのよ

最高水深

封水深

50〜100mm程度

空気を封じ込める最低水深

Q Sトラップ、Pトラップ、Uトラップとは?

A 排水管をS字形、P字形、U字形に曲げて、そこに封水をつくるトラップのことです。

洗面器の下で、Sトラップ、Pトラップはよく見かけます。Sトラップは床下へ、Pトラップは壁へと排水管をつなぐ場合に使います。どちらも封水深は50～100mm程度取ります。Uトラップは、屋外で雨水管を汚水管につなぐ際などで使われます。

S字に曲げて
水をためるのよ

Sトラップ

いい曲線
だなー…

Pトラップ

Uトラップ

4

排水設備

Q わんトラップとは？

A 下図のような、おわんを伏せたような形状のトラップのことです。

わんトラップは、ベルトラップ（bell trap）ともいいます。ベル（鐘、鈴）を伏せたような形からきています。

　浴室やトイレの床排水口、洗濯機パンの排水口、流し台の排水口などに使われます。流しの場合はゴミが多く出るので、わんトラップの上にゴミ受けのメッシュなどが付けられます。格子状の排水口の蓋は、目皿（めざら）と呼ばれます。

　わんトラップは管をグネグネと曲げなくてもすむので、高さを取りません。床下に納めるには、高さの低いわんトラップが使いやすいです。

　上の蓋を開けると、中の掃除をすることができます。髪の毛が詰まっても、すぐに取り出すことができます。排水管を曲げたSトラップ、Pトラップは汚れを流しやすいですが、髪の毛などが詰まると掃除しにくいという短所があります。

　流し台などで、目皿を外してわんトラップを確認しておきましょう。わんは簡単に外れます。外すと中に排水管が現れます。

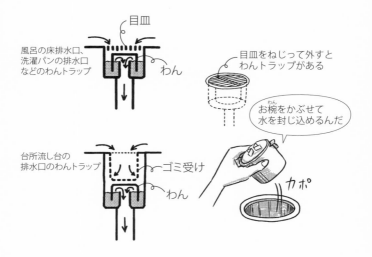

目皿

風呂の床排水口、洗濯パンの排水口などのわんトラップ

わん

目皿をねじって外すとわんトラップがある

お椀をかぶせて水を封じ込めるんだ

台所流し台の排水口のわんトラップ

ゴミ受け

わん

カポ

Q 逆わんトラップとは？

A 右下の図のように、わんを上に向けて置いたトラップです。

普通のわんトラップは、左下の図のように、おわんを伏せた形です。おわんと立て管の間の封水で空気を遮断します。わんトラップ、ベルトラップと呼ばれるのはこちらが普通です。

　逆わんトラップは、おわんを上に向けて水をためます。おわんの横に穴をあけて、横に排水します。そのおわんに上から管を入れて、そこで空気を遮断します。

　逆わんトラップは、横に排水するので、排水管を納める高さを低くすることができます。コンクリートスラブから床仕上げまでの高さは、マンションでは20cm程度です。その中に排水管を納めるには、この逆わんトラップが有効です。

　高さを取らない点から、ユニットバスや洗濯機パンの排水口に多く使われています。洗濯機パンの排水口は、洗濯機のホースからの排水と、パンからの排水を受けるため、少々複雑になっています。ユニットバスの排水口で、逆わんトラップを確認しておきましょう。

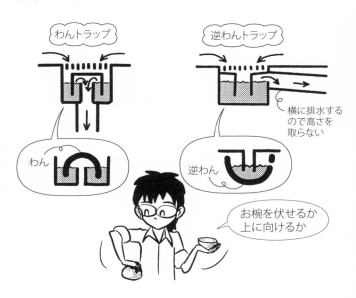

4

排水設備

Q ドラムトラップ（drum trap）とは？

A 下図のような、円筒形のトラップです。

ドラム（drum）とは太鼓のことで、一般に太めの円筒形をドラムと表現します。ドラムトラップは円筒形の中に封水をつくって、排水管の空気が上がるのを防ぎます。

封水が多いので、一度に大量に水を流しても封水が切れにくいのが特徴です。封水がなくなることを破封（はふう）といいます。蓋を開けてゴミを取れるのもメリットです。水をためて使う洗い場などで、ドラムトラップは有効です。

容器に水をためるだけでトラップとなります。ただし、容器に流し込む側の管を上に付けると、空気がつながってしまいます。また蓋がないと、やはり空気がつながってしまいます。流し込む管を下に付けて、しっかりと蓋を閉めることで、空気を遮断することができます。空気を遮断できないと、排水管内部の臭いや有毒ガス、虫が上がってきてしまいます。トラップの基本を、ここでもう一度押さえておきましょう。

封水の量が多いから
一度に大量に流しても
封水は切れにくいんだ

ガチャ　ガチャ

drum：太鼓
ドラムトラップ
蓋

空気が
つながる！
×

空気が
つながる！
×

空気を遮断！
○

Q 大便器のトラップはどうなっている?

A 下図のように、便器内部でS字形のトラップとなっています。

形はさまざまですが、基本的にはS字形のトラップです。S字形のトラップに封水をつくって、下水の臭いや虫が上がるのを防ぎます。

　トラップに大便が詰まることがたまにあります。そんなときにあせって水を流すと、あふれて大変なことになります。ラバーカップ（rubber cup）というゴムのカップが先端に付いた道具で、大便を押し出すか、引き出して小さくしてから流すなどします。

大便器のトラップ

ウ○コがS字に
詰まったら、ラバーカップ
で押し出すんだ

水を流すと大変な
ことになるよ

4

排水設備

Q 小便器のトラップは？

A 下図のように、Pトラップ、わんトラップなどが便器内部に組み込まれているものが一般的です。

 下図は、Pトラップを組み込んだ壁掛け型小便器、わんトラップを組み込んだ自立型小便器です。わんトラップのわんには、針金で取りやすいように穴があけられたものもあります。

　自立型小便器は、ストール（stool）型ともいいます。ストールには腰掛け、踏み台などの意味がありますが、日本でストール型小便器というと、自立型、床置き型の大型の小便器を指します。

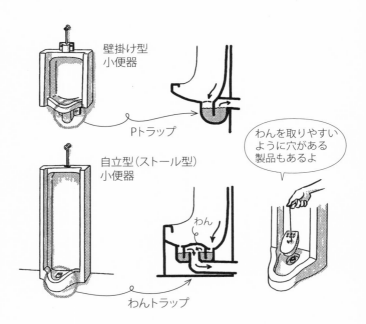

壁掛け型
小便器

Pトラップ

自立型（ストール型）
小便器

わん

わんトラップ

わんを取りやすい
ように穴がある
製品もあるよ

Q グリース阻集器（そしゅうき）とは？

A 下図のような、レストランの厨房などで排水に混じった油やゴミなどを取る器具です。

グリース阻集器はグリーストラップとも呼ばれますが、正確にはトラップ機能ではなく、油脂分、ゴミなどを取る器具です。排水に流す部分にはトラップも付けられています。阻集とは、油やゴミが流れるのを阻止して集めるという意味です。

　グリース（**grease**）とは、半固体状、ペースト状の油のことです。料理で使う油やゴミが排水に混じります。野菜くずなどの大きなゴミは、最初のメッシュ状のバスケットで取れます。油は水よりも軽いので水面に浮きます。このようなゴミを取る器具を、ストレーナ（**strainer**：ろ過器）といいます。　　　　　　　　　　【　砂　取れな　→　ストレーナ 】

　グリース阻集器の蓋を開けて、バスケット内のゴミや水に浮いた油脂分を取り除きます。飲食店などでは、毎日、閉店後にゴミ、油を取り除くのがベストです。トラップにも蓋が付いているので、2、3カ月に1回はトラップ内部も掃除します。

　グリース阻集器は簡単なものだと、流し台の横に置ける器具もあります。普通は流しの排水や床排水を集めて入れるので、床下に設置します。コンクリートスラブ上に設ける場合は、グリース阻集器の高さ分、床を上げる必要があります。

　阻集器は、グリース用のほかに、ガソリンスタンド、自動車車庫に使うオイル阻集器もあります。

4

排水設備

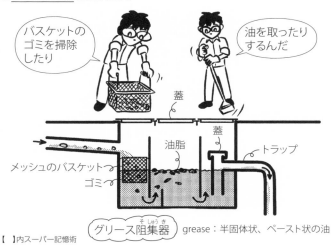

バスケットのゴミを掃除したり

油を取ったりするんだ

蓋

蓋

油脂

トラップ

メッシュのバスケット

ゴミ

グリース阻集器（そしゅうき）　grease：半固体状、ペースト状の油

【　】内スーパー記憶術

Q 二重トラップ（ダブルトラップ：double trap）は可？

A 不可です。

トラップを二重にすると、下図のように、中間に空気が閉じ込められて
しまいます。密封された空気は、負圧になったり正圧になったりしま
す。

　排水を流そうとすると、閉じ込められた空気が正圧になって、流れを
止めようとします。正圧が大きくなると、上の封水が排水口から噴き出
してしまいます。また、流れた下の水に空気が引かれて負圧になると、
上の封水を引っ張って封水をすべて流してしまいます。

　このような悪さをする空気を封じ込めないようにするため、<u>二重トラ
ップは禁じ手とされています</u>。どうしても付けなければならない場合
は、空気が閉じ込められる部分に通気管を設けて、正圧、負圧にならな
いようにします。

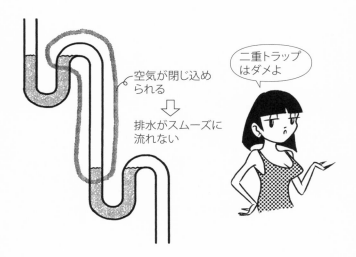

空気が閉じ込め
られる

⬇

排水がスムーズに
流れない

二重トラップ
はダメよ

Q サイホン（siphon）現象とは？

A 下図のように、U字管の中で水が吸い上げられる現象です。

風呂の水をホースで出す場合、ホースの中の空気を吸い出して満水にして、U字に曲げたホースの先を水面よりも下にすれば自動的に水が出てきます。下図はコップの水を吸い出す例です。U字管の中を満水にして、水面A点よりも吸出し口B点を下にします。

　管内のA点では、上向きに大気圧がかかっています。水が直接大気に面していなくても、まわりの水面にかかった圧力が水を伝わっていきます。まわりの水面と同じ高さならば、同じ圧力＝大気圧が上向きにかかります。

　B点は下が大気に開放されているので、大気圧は上向きに働きます。A点、B点ともに上向きに大気圧が働くことになります（下図左）。

　U字管の頂点をO点とします。OAの水の重さとOBの水の重さを比べると、OBの方が重くなります（下図中）。A点、B点の上向き圧力が同じでOBの方が重いので、OBの方が下に落ちることになります。

　OBが落ちると、OBだけ落ちるわけにはいかなくなります。OAとOBの間が分かれると、真空となってしまうので、OAもOBと一緒にB側に行きます。よって、Bの方に水が流れることになります（下図右）。

　この水を吸い上げるU字管は、サイホン管、吸上げ管などと呼ばれます。

4

排水設備

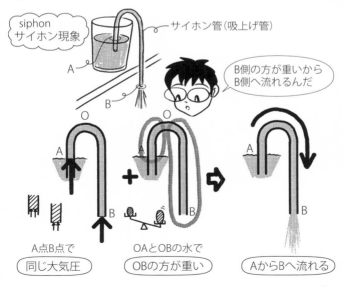

Q サイホン現象による破封（はふう）とは？

A 下図のように、満水状態になった際にサイホン現象によって封水が吸い出されてしまうことをいいます。

大量に排水すると、排水管が満水になります。S字管が満水になると、S字管の一部がサイホン管の状態となります。そのまま排水が進むと、封水を吸い出してしまいます。これがサイホン現象による破封です。排水が自分でサイホン現象を起こすので、<u>自己サイホン現象</u>ともいいます。

　排水管が満水で流れることを、<u>満管流</u>といいます。内部に空気がなくなり、水だけの流れとなります。満管流の際には、自己サイホン現象が起こりやすくなります。

　<u>大量の水を流すおそれのある排水管では、Sトラップ、Pトラップを避けて、封水の多いドラムトラップなどを使う</u>必要があります。

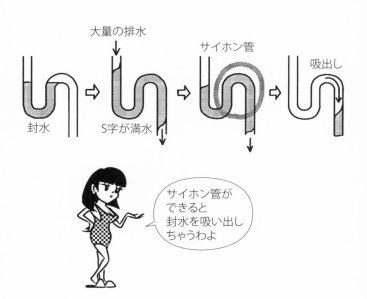

大量の排水

サイホン管

吸出し

封水　　S字が満水

サイホン管が
できると
封水を吸い出し
ちゃうわよ

Q 毛細管現象による破封とは？

A 毛や糸などの隙間にできた毛細管が、封水を吸い上げてしまうことです。

毛細管現象は、毛管現象ともいいます。髪の毛のように細い管の中を、水が上がる現象です。水面は細い管の両側面に沿って持ち上がり、凹の形になります。しかも水面には、表面張力によって縮まろうとする力が働きます。凹型の水面が縮まろうとすると、上への力となります。それが毛細管現象の原理です。

　トラップの中に毛髪、糸くずがたまると、細い管状の隙間ができます。そこに水が吸い上げられてしまうのです。毛細管現象で、封水がなくなってしまうこともあります。

［破封の原因］
自己サイホン現象
毛細管現象
蒸発
排水管内の空気の負圧、正圧　など

髪、糸の細い隙間が
水を吸い上げる
⇧
毛細管現象

毛細管現象

細い管を
水が上がる

水面が縮まろう
とする力が原因

髪の毛が詰まる
と水を吸い上げ
ちゃうのよ

4

排水設備

Q 浄化槽で使う好気性（こうきせい）微生物と嫌気性（けんきせい）微生物とは？

A 空気を入れることで汚物を分解する微生物と、空気のない水中で汚物を分解する微生物のことです。

汚物は微生物によって分解、沈殿させて、排水をきれいな水に変えます。その微生物には大きく分けて、空気（酸素）が「好き」な好気性微生物と、空気が「嫌い」な嫌気性微生物があります。排水は、最初に嫌気性微生物を入れた槽に入れて、次に好気性微生物を入れた槽に入れます。

　好気性微生物の槽には、空気を常時送り込む必要があります。その機械をブロア（blower）と呼びます。空気をブロー（blow：吹き込む）する機械という意味です。実際には空気を送るポンプのことで、その先に穴のたくさんあいたパイプをつなぎます。

　分解、沈殿された汚物は、定期的に取り除かなければなりません。また、微生物も定期的に入れる必要があります。浄化槽のメンテナンスは、コストが毎年かかるので、設計段階、購入段階で調べておきましょう。

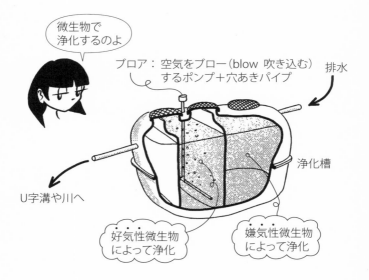

微生物で
浄化するのよ

ブロア：空気をブロー（blow 吹き込む）
するポンプ＋穴あきパイプ

排水

浄化槽

U字溝や川へ

好気性微生物
によって浄化

嫌気性微生物
によって浄化

Q 浄化槽のばっ気槽、ろ床槽（ろしょうそう）とは？

A 好気性微生物を空気に接触させるための槽と、嫌気性微生物を入れるろ過するための床を入れた槽です。

ばっ気の「ばく」は「曝」と書きます。ばっ気は、空気にさらす、空気に接触させるということです。ばっ気槽は、好気性微生物を活躍させる槽です。接触ばっ気槽ともいいます。

　ろ床の「ろ」は、濾過の「濾」です。多くの小さな穴のあいた膜に液体などを通して不純物などを取り除くことが、ろ過です。ろ過するための材を<u>ろ材</u>といいます。ろ材でできた床、ろ材を中に入れた床が、ろ床です。

　下図の網と網の間に砕石などのろ材を入れて、嫌気性微生物をろ材に付けておきます。<u>ろ床を入れて嫌気性微生物を活躍させるのが、ろ床槽</u>です。

　汚水、雑排水を合流させて下図のような浄化槽に入れます。汚水と雑排水を合わせて入れて、合わせて浄化するので、<u>合併浄化槽</u>といいます。

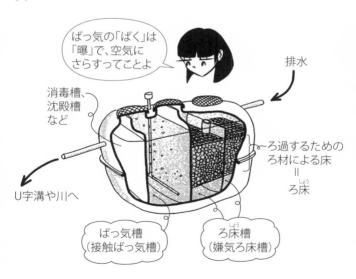

ばっ気の「ばく」は「曝」で、空気にさらすってことよ

排水

消毒槽、
沈殿槽
など

U字溝や川へ

ろ過するための
ろ材による床
＝
ろ床

ばっ気槽
（接触ばっ気槽）

ろ床槽
（嫌気ろ床槽）

4

排水設備

〈161〉

Q BOD（ビー・オー・ディー）とは？

A 生物化学的酸素要求量のことで、水質指標のひとつです。

有機物が多く混じった水は、有機物が腐敗して酸素が少なくなります。腐敗とは酸化のことで、水に溶けた酸素と有機物が反応して酸化物となることです。水中の酸素が少なくなると、魚や水草などが生きられなくなります。

　有機物を酸化分解するのにどれくらい酸素が必要か表すのがBODです。BODとはBiochemical Oxygen Demandの略で、直訳すると生物化学的酸素要求量です。生物学的に化学的に汚物を分解するのに必要な酸素量です。BODのほかに、COD（化学的酸素要求量）などが使われます。

　浄化槽から出た水のBODを測って、基準以下になっていることを確認します。その後に川などに放流するわけです。

　BODは普通、20℃において5日間で1Lの水を浄化するのに何mgの酸素が必要かをmg/Lで示します。

　5mg/L以下で魚が川などに住めるようになり、3mg/L以下だと水がなんとか飲めるようになります。浄化槽からの放流水の基準は、浄化槽の大きさや地域によって、20mg/L以下、30mg/L以下、60mg/L以下、90mg/L以下などと決められています。

BOD大＝有機物が多い＝汚染度大　　　【BODYへの 欲求 は 生物的！】
　　　　　　　　　　　　　　　　　　　　　　　　要求　　生物化学的

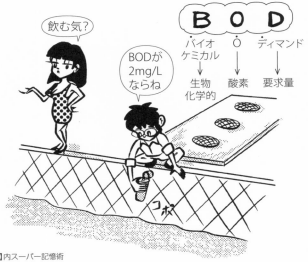

【　】内スーパー記憶術

Q ppmとは?

A 100万分の1（$1/10^6 = 10^{-6}$）のことです。

ppmはparts per millionの略で、100万分の1を表す補助単位です。part とは部分という意味ですが、「parts per～」で、「～分の1」という意味 になります。

　ppmは非常に小さな比です。0.000001というよりも1ppmといった方 が理解しやすくて便利なので、濃度などの補助単位に使われます。

　水の質量は、1L当たり約1000g、1mL（1cc）当たり約1gです。m（ミリ） とは1000分の1のことです。1mLは1000分の1Lで、1ccともいいます。

　BODの単位はmg/L（ミリグラム・パー・リットル）で、有機物を 分解するために1Lの水中に何mgの酸素が必要かを示します。Lは体積、 mgは質量です。

　ppmは比ですから、分母、分子の単位をそろえるのが普通です。 BODの1mg/Lをppmに換算することを考えます。1mgは1/1000g、1L の水は約1000gです。分母、分子をgで統一すると、

　　$1mg/L = (1/1000) g/1000g = 1/1,000,000 = 100万分の1 = 1ppm$

　水1mg/Lを質量の比に直すと、1ppmとなります。BODはmg/Lで表 すのが普通ですが、質量比でppmで表してもほぼ同じ数値となります。 BODをppmで表すことがあるのも、数値がmg/Lと同じだからです。

　　$BOD : \square mg/L = \square ppm$

　このようになるのは、水1Lが1000gだからです。ほかの物質ではこの 等式は成り立ちません。

million
ミリオンは
100万よ

millionaire＝百万長者（ミリオネア）

100万ドル≒約1億円

PPM…100万分の1

（ミリオンのM）

$1mg/L ≒ \dfrac{\frac{1}{1000}g}{1000g} = \dfrac{1}{1,000,000} = 100万分の1 = 1ppm$

（水1L≒1000g）　　　　　（10^6分の1）

Q フラッシュバルブとは？

A 給水圧力をそのまま使って便器を洗浄するための弁です。

 フラッシュ（flush）とは、どっと流すことです。カメラのフラッシュ（flash）はピカッという閃光のことで、違う単語です。バルブ（valve）は弁のことで、フラッシュバルブ（flush valve）は水をどっと流す弁となります。洗浄弁ともいいます。

　タンクを使わずに水圧をそのまま使って流します。一時的に大人数が使う、使用頻度が高い学校、映画館、劇場、工場などのトイレで使われます。フラッシュバルブには、大便器用、小便器用があります。

　短時間に多量の水を流すので、給水量が少ないと近くの水栓の水を枯らしてしまうおそれもあります。また洗浄音も大きく、水圧も一定以上必要なため、住宅では使われません。住宅では水をためて使うタンク方式がほとんどです。

　タンク方式には高い所に置くハイタンク方式と、便器に近い位置に置くロータンク方式があります。

洗浄方式 → ｛フラッシュバルブ方式（洗浄弁方式）
　　　　　　タンク方式（ハイタンク方式、ロータンク方式）

レバー

フラッシュバルブ

押しボタン

フラッシュバルブ方式
（洗浄弁方式）

flushは
どっと流すって
意味だよ

ハイタンク

ロータンク

タンク方式

Q バキュームブレーカーとは？

A フラッシュバルブの急激な止水や断水などで、給水管内に負圧が生じたときに、空気を入れて大気圧に保ち、逆流などを防止する装置です。

負圧を防ぐために空気を外から吸引するのがバキュームブレーカーです。バキューム（vacuum）とは真空、ブレーカー（breaker）とは壊すもので、直訳すると真空を壊す装置となります。管内が完全な真空にはなりませんが、空気が薄い、大気圧以下（負圧）の状態になることはあります。

　負圧になると、水を吸い上げようとする力が働いて、水が流れにくくなり、また逆流することもあります。そのような状態にならないように、バキュームブレーカーを付けるわけです。

　たとえていえば、しょう油のビンの注ぎ口にあいている**2**つの穴のようなものです。一方の穴をふさぐと、ビン内部の空気が負圧になり、しょう油を吸い上げようとする力が働き、うまく外へと流れません。両方の穴を開放して注ぐと、空気が入り込んでビンの中を大気圧に保ち、流れをよくします。

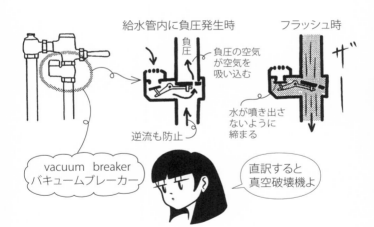

給水管内に負圧発生時

フラッシュ時

負圧

負圧の空気が空気を吸い込む

逆流も防止

水が噴き出さないように締まる

vacuum breaker
バキュームブレーカー

直訳すると
真空破壊機よ

5

衛生器具

Q 大便器の給水方式は？

A タンク方式、タンクレス方式（専用洗浄弁方式）、洗浄弁方式があります。

タンクに水をためて、洗浄時にそれを流すタンク方式が一般的です。災害時に電気が落ちると、マンションなどではポンプが止まって給水ができなくなりますが、タンクの水の分は流すことができます。

タンクレス方式（専用洗浄弁方式）は、給水圧力を使って洗浄する方式です。タンクが不要となるために便器の長さが短くなり、部品のつなぎ目が少なくて掃除がしやすく、水道に直結しているので連続して洗浄できます。その一方で給水圧力が弱い場合、ブースター（圧力を増す機器）を給水管に付ける必要があります。また電気も使っていてタンクもないために、災害時にはすぐに使えなくなります。故障した際の修理も、タンク式よりも大変です。さらにタンクレスの場合は、手洗いを別に設置する必要があり、コストも上がります。戸建てでタンクレスを使いたい場合は、災害時と給水圧を考えて、1階がタンクレス方式、2階がタンク方式などとするのが無難です。

洗浄弁方式は、水をザーッと流すフラッシュバルブなどの弁を付け、給水圧力を使って流す方式です。駅、学校、オフィスなどの、不特定多数が連続して使用する大便器に使われます。

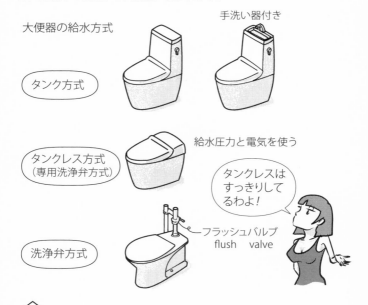

大便器の給水方式

手洗い器付き

タンク方式

タンクレス方式
（専用洗浄弁方式）

給水圧力と電気を使う

タンクレスはすっきりしてるわよ！

洗浄弁方式

フラッシュバルブ
flush valve

Q 大便器の洗浄方式は？

A 旋回流（渦巻き）による洗浄方式に統一されつつあります。

大便器の縁から下に水を流す洗落とし式、サイホン作用によって水を引き込むサイホン式などは水量が多く必要とされました。最近では水の使用量が少なく、音の静かな旋回流（渦巻き）による洗浄方式に統一されつつあります。旋回流（渦巻き）は、メーカーによってトルネード（TOTO）、ボルテックス（LIXIL）などの名称が付けられています。

大便器の洗浄方式

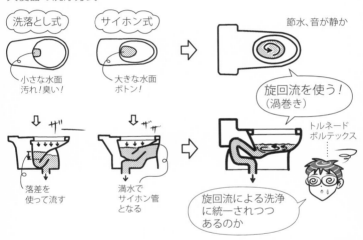

節水、音が静か

洗落とし式　小さな水面　汚れ！臭い！

サイホン式　大きな水面　ボトン！

旋回流を使う！（渦巻き）

トルネード　ボルテックス

落差を使って流す

満水でサイホン管となる

旋回流による洗浄に統一されつつあるのか

tornado：竜巻、vortex：渦巻き

5

衛生器具

　JISでは使用水量が**8.5L以下**をⅠ形、**6.5L以下**をⅡ形としています。使用水量はメーカーカタログによると、大で**4.8L程度**、小で**3.6L程度**と、以前の便器よりも格段に節水化が進んでいます。ちなみに小便器では**4.0L以下**をⅠ形、**2.0L以下**をⅡ形としています。

Q 大便器の設置はどのような形態がある？

A 床置き式と壁掛け式があります。

床置き式が一般的で、便器の重さを床に持たせ、排水を下の床排水とした方式です。壁掛け式は壁から持ち出して**70mm程度**床から浮かせた形で、床掃除がしやすいので、学校やオフィスなどの公共性の高い所に用いられます。

　壁掛け式では排水管は横引きして壁に入れるので、壁に幅**250mm程度のライニング**（配管を隠す覆い、ふかし壁）が必要となります。便器と人の重さをライニングに持たせるので構造的な配慮が必要ですが、ライニングに隠す付属品の鋼製フレームが便利です。

　床置き→床排水、壁掛け→壁排水という関係が一般的ですが、床置き式でも直下に梁があって排水管が通せない場合は、壁排水とすることがあります。

床置き式

壁排水

床排水

梁を避けるための壁排水

壁掛け式

ライニング lining
W250mm、H1000mm程度
内部の鋼製フレームで便器を支える

壁排水

70mm程浮くので
床掃除がしやすい

床置きの方が
工事が楽そう

lining：裏地、裏張りが原義で、配管を隠すふかし壁。

Q 大便器の一体型と分離型とは？

A 便器、タンク、便座の3点が一体化されているのが一体型、分離されているのが分離型（組合せ型）。

一体型は便器、タンク、便座の3つのパーツが一体化していると継目がなくてデザインがすっきりしていて、掃除が楽です。分離して組み立てる分離型だと、継ぎ目に汚れがたまりやすく、掃除が大変です。ただし分離型は洗浄便座が壊れても、その部分だけ簡単に交換ができるというメリットがあります。

一体型

継目が少ない！

便座を交換する際、メーカー、型番指定する必要あり！

分離型
（組合せ型）

便座＋便器＋タンク　　便座だけ交換可

分離できた方が、修理の手間とコストはかからないわよ！

洗浄便座は10年程で壊れることが多く、筆者はホームセンターで数万円の製品を買って自分で取り換えることを何度も経験しています。洗浄便座は電気製品なので、フロート弁やパッキンよりも先に故障する傾向にあるようです。そのため簡単に交換できる分離型（組合せ型）の方を、筆者はお勧めします。一体型でも取り換えができますが、同じメーカー品に限られ、コストは高くなります。高級なホテルや飲食店などの、デザインで差別化したい場合は一体型、一般家庭は分離型にするとよいでしょう。

Q トイレタンクにおける給水の仕組みは？

A レバーを回すとゴム製の排水弁が開いて水を流し、タンクの水位が下がると浮き球が下がりボールタップ（フロート弁）が開いて給水する仕組みです。

受水槽と同様に、トイレのロータンクでもボールタップ（フロート弁）が活躍します。水位が下がると浮き球（ボール）が下がり、給水管に付けられたボールタップ（tap：蛇口、栓）が開いて給水される単純な仕組みです。電気を使わないので故障しにくく、故障してもすぐに修理でき、交換も簡単にできます。タンクの上に手洗いが付いている場合は、ボールタップから分岐で手洗いにも水が送られ、タンクが満水になると浮き球が浮いてボールタップが締まり、手洗いの給水も同時に締まります。

　レバーを回すと鎖が上がって、ゴム製排水弁が開く仕組みです。鎖が引っ掛かって排水弁が上がらない、排水弁がずれて出っ放しになるなどの故障は、タンク上の蓋を開けて鎖やゴム製排水弁をずらせば直ります。一度タンクの蓋を開けて、ボールタップ、排水弁などを見ておくとよいでしょう。

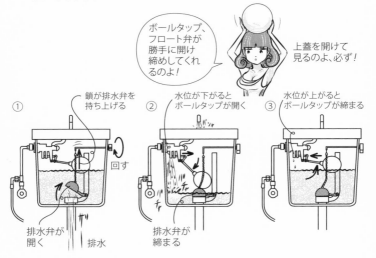

便器周囲の配管から水がポタポタ垂れてくることがありますが、たいていは継手部のゴムパッキン（packing、ガスケットgasket）が硬くなったためです。継手を外してパッキンを交換すれば、直ることが多いです。

Q SK（エスケー）とは？

A 下図のような、掃除用流し（シンク）のことです。

SKは、元はTOTOの商品型番です。SKの後に数字が付いて、さまざまな掃除用流しを指定します。この商品型番のSKが、実務では一般に掃除用流しの名称として使われています。

　もちろん、ほかのメーカーでは別の型番が付けられているので、SKは狭い意味ではTOTO製の掃除用流しとなります。

　掃除用流しは、共用トイレの掃除用具入れなどに取り付けられます。モップやぞうきんを洗ったり、バケツに水を入れたりします。そのような作業に便利なように、大きく深いシンクで、低い位置に設置されます。

掃除用流し（SK）

SKはTOTO
の型番だけど
一般名称のように
使われるよ

5

衛生器具

Q スロップシンクとは？

A 下図のような、ベランダや洗濯機横などに付ける掃除用、水やり用の流しです。

スロップシンク（slop sink）のslopとは、汚れた水、排泄物のこと、sinkは流しです。汚水、汚物を流すための流しが原義です。訳すと、SKと同じ掃除用流しとなりますが、日本では住宅用の掃除用流しの意味でよく使われます。

　メーカーのカタログや分譲マンションで使われているスロップシンクを見ると、SKよりも小さくて、しかもおしゃれな形です。SKというと、共用トイレでよく見る掃除用流しのイメージが強いので、スロップシンクという呼称にしたものと思われます。SKよりも小型で、住宅に置いても違和感のないデザインとされています。

　ベランダにスロップシンクを付けると、植栽の水やり、ガーデニング用道具やスニーカーなどの洗浄、オムツ洗い、泥の付いた野菜洗いなど、多くの使い道があります。室内の洗濯機横に設置しても便利です。

スロップシンク
slop　sink

マンションの
ベランダや
洗濯機横など
に付けるんだ

Q ホーローとは？

A 釉薬（ゆうやく、うわぐすり）を鉄などの金属に塗って焼き付け、表面をガラス質にした材料です。サビや汚れ、傷などに強く、浴槽などに使われます。

洗面器や便器は磁器が多いのですが、浴槽は大きすぎて、磁器を使うとすぐに割れてしまいます。そこで、ステンレスやFRP（ガラス繊維強化プラスチック）などがよく使われます。

ステンレスは肌触りが冷たく、FRPは安っぽい材料です。アクリルなどの樹脂を使って大理石風にした人工大理石は、見た目も肌触りもかなり高級感があります。

ホーローは、表面が硬いガラス質で、汚れや傷が付きにくく、見た目も光沢があって高級感があります。ツルツルして平滑で、肌触りもなめらかです。

ホーローの表面が傷付いてはがれると、裏側の金属が露出してしまいます。その場合はサビてしまう前に修理する必要があります。

ホーローは、流し台の収納扉に使われることもあります。木にシートを貼った扉よりも高級感があります。既製品（工業製品）ではなく現場でつくる浴槽では、ヒノキなどの木、石、タイルなども好まれます。メンテナンスのことも考えて、住宅では既製品のユニットバスを採用することが多くなっています。

ホーローや大理石
のような肌よ！

5

衛生器具

Q ガスのマイコンメーターとは？

A 小さなコンピュータを内蔵したガスメーターで、異常を自動的に感知してガスを止める装置です。

マイコンは通常**microcomputer**の略ですが、この場合は小型コンピュータといった意味合いです。マイコンメーターとは小型コンピュータ内蔵ガスメーターのことをいいます。

　ガスのホースが外れた場合、ガスが大量に流れます。その異常な流れをマイコンメーターが感知して、ガスを自動的に遮断します。

　また、長時間ガスを出し続けてしまった場合、大きな地震が発生した場合なども、マイコンメーターが感知して、ガスを止めてくれます。ガス本管の工事などでガスの供給圧力が下がった場合も、自動的に遮断してくれます。

　危険を判断する頭脳を持ったメーターが、マイコンメーターです。メーターの種類は、ガス会社によって異なります。

　LPG（液化石油ガス、プロパンガス）のメーターには、3つの表示ランプが付けられたものがあります。3つのランプの点滅や点灯の仕方によって、どの異常事態で止まったのか、どのようにすれば復旧できるのかがわかる仕組みです。

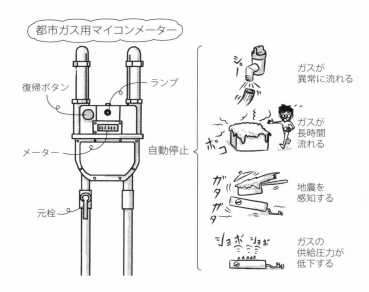

都市ガス用マイコンメーター

復帰ボタン　　ランプ

メーター

元栓

自動停止

ガスが異常に流れる

ガスが長時間流れる

地震を感知する

ガスの供給圧力が低下する

Q ヒューズコックとは？

A 過流出安全弁の付いたガスカラン（ガス栓）のことです。

ヒューズ（**fuse**）は、電気が多く流れると熱で溶けて回路を遮断する電線とその装置のこと、コック（**cock**）は栓のことです。<u>ヒューズコックとは、比喩的に電気のヒューズのような栓という意味です。</u>

　栓の内部にナイロンのボールが入れられていて、ガスの強い流れで浮き上がり、穴をふさいでガスを止める仕組みです。今使われているガス栓は、この過流出安全弁付きの栓となっています。

　ヒューズコックは、ガス栓からホースが外れた場合や、ガス器具の方の異常でガスが多く流れた場合に、自動的にガスを遮断します。マイコンメーターも過流出で遮断しますが、ガス栓にもそのような機能が組み込まれています。何重にも安全弁が付けられているわけです。

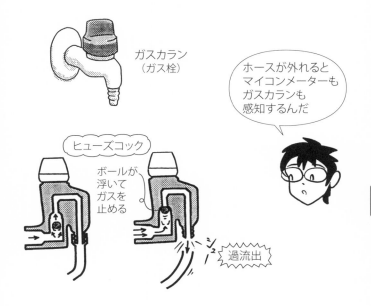

ガスカラン
（ガス栓）

ホースが外れると
マイコンメーターも
ガスカランも
感知するんだ

ヒューズコック

ボールが
浮いて
ガスを
止める

過流出

6
ガス設備

Q ガスや給排水のPSと電気のPS（EPS）を分けるのは？

A 漏れてたまったガスが電気のスパークで爆発しないようにするためです。

PS（ピーエス）とはパイプスペースの略で、パイプのための場所です。鉄の扉を付けて、メンテナンスがしやすいようにするのが普通です。電気（electric）のPSはEPSということもあります。

また、メーター類を収納するボックスは、MBと略されます。PSを兼ねるMBもあるので、どちらかの記号で書かれることもあります。

```
PS  → パイプスペース
EPS → 電気のパイプスペース
MB  → メーターボックス
```

漏れてたまったガスが電気のスパーク（火花）で爆発しないように、電気の幹線とガスの幹線は分けた方が無難です。PSが分けられない場合は、電気とガスを遠ざける工夫をします。

ただし、ガス給湯器は電気を使うので、コンセントをPS内に付ける必要があります。電気とガスを完全に分離することは困難です。

そこで、PS内にガスがたまらないような工夫が必要となります。都市ガスはメタンが主なので上にたまり、LPGはプロパンが主なので下にたまります。ガス管のあるPSは、上下に空気が通る部分をつくって、ガスがたまらないようにします。

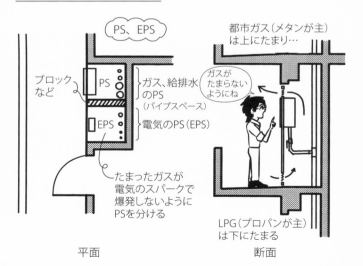

ガス、給排水のPS（パイプスペース）
電気のPS（EPS）

ブロックなど

たまったガスが電気のスパークで爆発しないようにPSを分ける

平面

都市ガス（メタンが主）は上にたまり…

ガスがたまらないようにね

LPG（プロパンが主）は下にたまる

断面

Q 密閉式ガス機器とは？

A 下図のように、室内の空気を燃焼に使わず、排気も室内に出さない、室内に置くガス機器のことです。

密閉式ガス機器は、密閉式燃焼機器とも呼ばれます。密閉とは、室内の空気に対して密閉されているということです。空気は外から取り込んで、排気ガスは外へ出します。室内空気は、燃焼によっていっさい影響を受けません。機器は室内にあっても、機器内部の空気は室内からは遮断されています。

　給排気システムには、機器内部にファンを付ける強制給排気方式（FF方式）と、熱せられた空気が上昇することを利用して排気する自然給排気方式があります。FFとはForced Flue（強制通気）の略です。

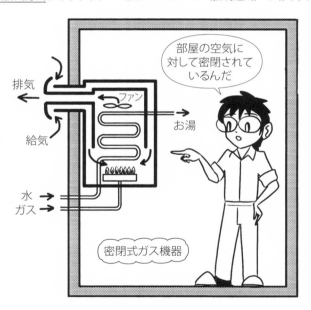

6

ガス設備

Q 開放式ガス機器とは？

▼

A 室内の空気を燃焼に使い、燃焼ガスを室内に排気するガス機器です。

 キッチンのガスコンロなどは、室内の空気を使って燃焼させ、排気も室内に出す<u>開放式ガス機器の典型です。燃焼部分が室内に開放されてしまっている</u>わけです。室内の酸素を使って、汚れた空気を室内に出すので、開放式は密閉式より危険です。

　ガスのファンヒーターや灯油のファンヒーターも、開放式の製品がよく見られます。室内の酸素を使って燃焼させる製品なので、暖かい空気の中に混じって二酸化炭素なども排出されます。この場合の灯油のファンヒーターは、開放式燃焼機器などと呼ばれます。

　開放式の場合は、部屋のどこかに給気口をあける、換気扇を回す、窓を定期的に開けて空気を入れ替えるなどの対策を施す必要があります。

Q 半密閉式ガス機器とは？

A 室内の空気を燃焼に使い、排気を屋外に出すガス機器です。

半密閉式ガス機器は排気だけ密閉して、給気は開放している燃焼機器です。半分だけ室内に対して密閉されているので、半密閉式といいます。
　酸素を室内から取っているので、燃やせば燃やすほど室内の酸素が少なくなってしまいます。また、上から排気するので、空気が入ってこないと、排気ができなくなってしまいます。入りがないと出が悪いわけです。そのため、給気口をつくって、外気を取り入れるようにします。

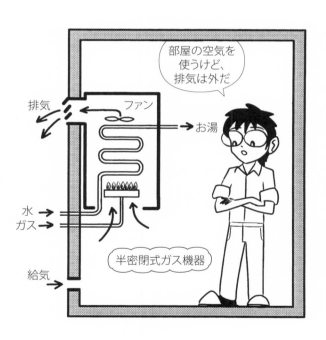

6 ガス設備

Q ガス給湯器で、16号、20号、24号とは？

A 水温＋25℃のお湯を1分間に、16号は16L、20号は20L、24号は24L、供給できる能力のことです。

1人住まいのワンルームでは16号、4人家族では24号程度です。シャワーだけなら16号で十分ですが、シャワーを使いながら同時にほかの給湯も使うとなれば、20号か24号となるので、ファミリーでは最低20号が必要です。

　熱量の単位cal（カロリー）に換算してみます。1g（cc、mL）の水の温度を1℃上げるのに必要な熱量が1calです。これはcalの定義です（正確には、1気圧下で14.5℃の水1gを15.5℃に上げる熱量）。

　1Lは1000g（1000cc、1000mL）なので、1Lの水の温度を1℃上げるには1000cal＝1kcal必要です。25℃上げるには25kcalです。

　16号は1分間に16Lですから16×25＝400kcal、20号は20×25＝500kcal、24号は24×25＝600kcalの熱量を、最低でも発生させる能力があるということです。

【 日光 で 水を温める 】
　　　＋25℃

20号は
20Lの…

20号：水温＋25℃のお湯を1分間に20L

【　】内スーパー記憶術

Q ダクトとは？

A 空気が通る風道（ふうどう）です。

ダクト（duct）は、動植物の水などを通す管、導管が原義です。そこから筒状のものをダクトと呼ぶようになりました。建築でダクトというと、通常風道を指します。

マンションのキッチン、トイレ、風呂などの換気扇には、ダクトを付けて外壁までつなぐのが普通です。角形断面や丸形断面のダクトがあります。蛇腹状になっていて、グネグネと曲げられるフレキシブルダクトもあります。

大型施設では、機械室からダクトで冷暖房された空気を送ることがあります。その場合、天井裏に多くのダクトを這わせます。

電線を集めて束にして通すためのプラスチックの筒も、ダクトと呼びます。また、照明を付けるレールもライティングダクト（配線ダクト、ダクトレール、ライティングレール）と呼ばれます。

7

空調設備

Q スパイラルダクトとは？

A 下図のような、渦巻き状に金属板を巻いてつくった円筒形のダクトです。

スパイラルダクトのスパイラル（spiral）とは、渦巻き、らせんという意味です。ダクト自体がグルグルと渦巻きになっているわけではなく、つくり方が渦巻きということです。

0.5〜1.2mm程度の亜鉛メッキ鋼板などを、機械でグルグル巻いてつくります。板と板の接合は、互いに折り曲げてつなぎます。

板どうしを折り曲げて接合する方法をはぜといいますが、下図のような甲はぜ（こはぜ＝平折りはぜ）にするのが普通です。甲はぜは、足袋（たび）の合わせ目を留めるフックのような金具からきた言葉です。

円筒状で、はぜの部分が渦巻き状になるので、つぶれにくくなります。大量生産に向くので、既製品も多く出ています。四角いダクトよりも空気抵抗が少なく、空気の流れはスムーズになります。

断面が円形なので、円形ダクト、丸ダクトともいいますが、スパイラルとは違うつくり方の円形ダクトもあります。

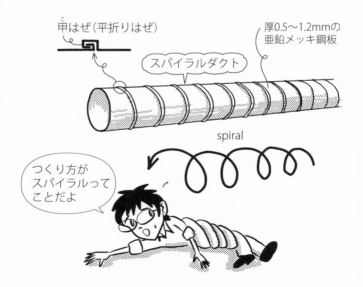

甲はぜ（平折りはぜ）

スパイラルダクト

厚0.5〜1.2mmの亜鉛メッキ鋼板

spiral

つくり方がスパイラルってことだよ

Q 長方形ダクト（角ダクト）の製作方法は？

A 下図のように、鋼板を曲げてはぜで留めて角柱をつくり、相互をフランジによって接続して長くします。はぜには、甲はぜ、ピッツバーグはぜなどがあります。

管から外に出た耳、あるいは縁の部分をフランジ（flange）といいます。給排水管でもメンテナンスしやすいように、フランジ接合することがあります。

フランジの部分は鋼板を折り曲げて、さらに山形鋼（アングル：L形断面の鋼材）で補強したりします。合わさる面には、ダクト内部の空気が漏れないようにゴムなどのガスケット（パッキン）を入れます。

昔は現場でダクトをつくる工事を行っていましたが、板金作業の音がうるさいなどの理由で、今では工場生産されて現場で組み立てる場合がほとんどです。フランジの接合は、接合クリップで留める方法もあります。クリップの場合は、ボルト締めが不要なので、作業効率がよくなります。

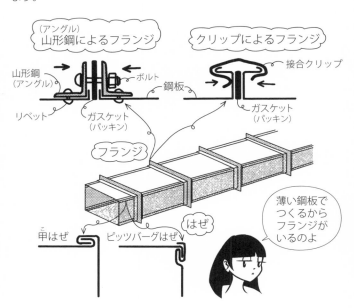

（アングル）
山形鋼によるフランジ

クリップによるフランジ

山形鋼（アングル）
ボルト
接合クリップ
鋼板
リベット
ガスケット（パッキン）
ガスケット（パッキン）

フランジ

甲はぜ　ピッツバーグはぜ

はぜ

薄い鋼板でつくるからフランジがいるのよ

7

空調設備

Q ダイヤモンドブレーキとは？

A 下図のように、対角線状にリブを入れて板を補強することです。

ダクトを構成する鋼板は、厚0.5〜1.6mm程度の薄板で、亜鉛メッキされたものを使います。薄板の面積が大きいとベコベコとたわんでしまいます。すると、ダクトが変形したり、振動音が出たりします。そうしないために、鋼板を曲げて突起をつくり、小さな梁＝リブ（rib：肋骨）を設けます。リブは対角線状につくると、効率よく板全体を補強することができます。

ダイヤモンドブレーキとダイヤモンド（diamond）の名称が付いているのは、対角線に入れた線の組合せが、ダイヤのカットと似ているからで、ブレーキはブレース（brace：筋かい）のなまったものと思われます。

大型のダクトでは、ダイヤモンドブレーキは簡単にできる補強としてよく使われています。

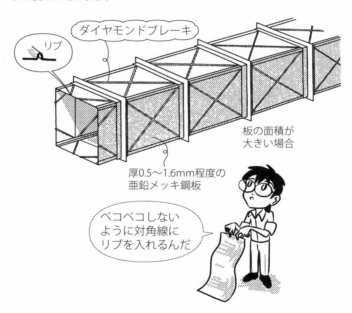

ダイヤモンドブレーキ

リブ

板の面積が
大きい場合

厚0.5〜1.6mm程度の
亜鉛メッキ鋼板

ベコベコしない
ように対角線に
リブを入れるんだ

★ / R178 / ダクト　その5

Q ダクトのロッド補強とは？

A 下図のように、棒鋼をダクトの長辺に入れて補強することです。

ロッド（rod）とは、棒や釣り竿などのことです。棒を入れて補強することを、ロッド補強といいます。この場合のロッドは、タイロッド（tie rod）ともいいます。タイ（tie）とはネクタイ（necktie）と同様に締めるという意味で、タイロッドは締めるための棒となります。

棒には棒鋼を使います。9mmまたは12mm程度の棒鋼の両端にねじ山を切って、ナットで締められるようにしてあります。

大きなダクトは、天井裏の高さが限られるため、どうしても横長になります。長辺が長いと、変形しやすくなるので、途中にロッドを入れて補強します。ロッドを使わない場合は、山形鋼（アングル）をダクトの軸方向に入れて補強します。

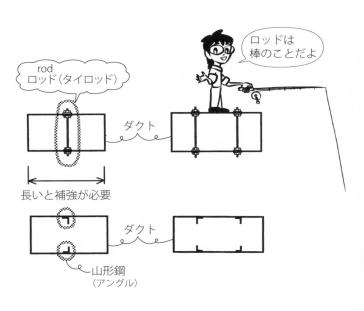

7

空調設備

Q ダクトのアスペクト比とは？

A ダクトの長辺／短辺の比のことです。

アスペクト（aspect）は外観、面のこと、アスペクト比（aspect ratio：アスペクトレシオ）は、その面の長辺／短辺の比のことです。モニター画面のアスペクト比とは、長辺／短辺という長さの比です。アスペクト比は工学一般に使われる用語です。

ダクトの断面は円形がもっとも空気が流れやすく、長方形では正方形に近い方、つまりアスペクト比が1に近い方が、空気の流れはスムーズです。アスペクト比が大きくて扁平になるほど、空気抵抗が増えます。同じ断面積でも、高さが低くて平べったい方が、空気は流れにくくなります。

　空気の流れやすさ
　円形＞正方形（アスペクト比1）＞長方形（アスペクト比小）＞長方形（アスペクト比大）

下の図で、バツ印はダクトの断面を示します。バツ印を付けないと、中が空洞とわかりにくいので、このような記号を付けます。幅1000mm、高さ250mmなので、1000/250＝4がアスペクト比となります。

梁下寸法が小さい場合は、ダクトの高さを小さくして幅を大きくするしかありません。アスペクト比をいじめてダクトを収めるわけです。

梁下から天井板を支える野縁までがダクトを通せる寸法です。保温材を巻く場合は、ダクトの有効寸法はさらに小さくしなければなりません。

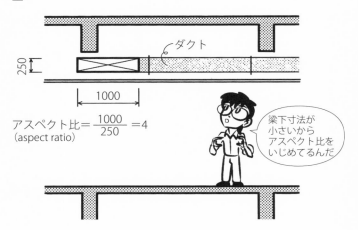

$$アスペクト比 = \frac{1000}{250} = 4$$
（aspect ratio）

梁下寸法が
小さいから
アスペクト比を
いじめてるんだ

Q ダクトを天井裏に設置する方法は？

▼

A 吊りボルトとインサート金物で山形鋼（アングル）やC形の軽量形鋼（Cチャン、リップ溝形鋼）などをコンクリートスラブから吊って、その上にダクトを載せます。

ダクトがいくら薄い鋼板でできているからといっても、天井にそのまま載せるわけにはいきません。たとえ載ったとしても、振動が直接天井に伝わり、騒音の原因となります。

そこで、上のコンクリートスラブから吊るわけです。<u>直径9mmまたは12mm程度の吊りボルトで山形鋼などを吊ります</u>。吊りボルトを上のコンクリートスラブに付けるには、インサート金物を使います。

<u>インサート金物は型枠の段階で入れておき</u>、生コンを打って固めて、コンクリートの中に埋め込んでしまいます。インサート金物側はメスのねじで、それに吊りボルトのオスねじを入れる（インサートする）ということから付けられた名称です。

吊りボルトの位置に事前にインサート金物を埋め込んでおくため、ダクトの位置、吊りボルトの位置などは、型枠施工時に決めておかなければなりません。

インサート金物
コンクリートに埋め込む

吊りボルト

山形鋼
（アングル）

コンクリートの
スラブに
金物を埋めて
吊りボルトを
ねじ込むんだ

7

空調設備

Q ホッパとは？

A 下図のような、徐々に細くなるじょうご形のダクトです。

ホッパ（hopper）とは、じょうご形の装置のことです。砂利やセメントを落として箱に詰める装置、またセメントや砂利を入れるじょうご形の貨物列車もホッパといいます。

　送られた空気を分配していくと、空気が徐々に減っていきます。流速を変えないためには、ダクトを徐々に細くする必要があります。そこで、斜めにじょうご形にしたホッパが必要となるわけです。

　下図のように、片側だけ斜めに傾斜させたものを片ホッパといいます。流れに対して吹出しと反対側を斜めにします。流れに対して両側を斜めにしたものは両ホッパといい、ダクトの中心から下へと吹出しを付ける場合などに使います。

　ホッパを使わずに、エルボで分岐させて細くしていく方法もあります。

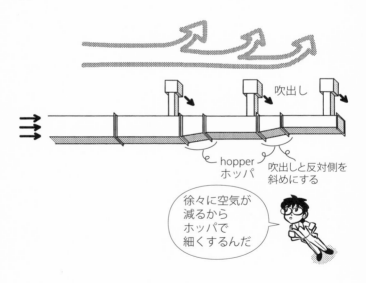

吹出し

hopper
ホッパ

吹出しと反対側を
斜めにする

徐々に空気が
減るから
ホッパで
細くするんだ

Q チャンバとは？

A ダクトの合流、分岐点、吹出しや吸込み部分などに設けるボックスのことです。

チャンバ（**chamber**）とは部屋が原義です。部屋のような容器から、ボックス状、箱状の装置をチャンバと呼ぶようになりました。空調でチャンバといえば、ダクトにつなぐ箱のことです。

　ダクトの合流、分岐点でスペースが限られている場合は、チャンバを使います。また、部屋への吹出しや吸込み部分でもチャンバを使います。異なった器具どうしをつなぐ際に、チャンバを間に入れると、工事は楽になります。

　箱になっているため、空気抵抗が大きいのが難点です。チャンバを使うと合流、分岐のダクト工事は楽ですが、ホッパやエルボを使う方が流れはスムーズです。

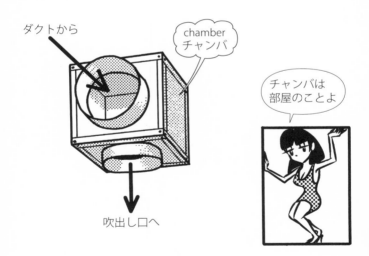

ダクトから

chamber
チャンバ

吹出し口へ

チャンバは
部屋のことよ

Q ダクトのエルボとは？

A 下図のような、ダクトの方向を変える円弧状の部材です。

エルボ（**elbow**）はひじのことで、給排水管と同様に、方向を変えるための部材のことをいいます。

　角ダクトでは、円弧状に切られた部材に沿って鋼板を曲げればエルボはできますが、丸ダクトではそう簡単にはいきません。

　丸ダクトのエルボのつくり方には、プレスベンド形とセクションベンド形があります。

　プレスベンド形のプレス（**press**）とは押すという意味で、機械で押してつくるプレス成形のことです。ベンド（**bend**）は曲げることです。薄い鋼板を押し曲げて円弧状の半円筒に成形し、裏表を張り合わせてエルボをつくります。

　セクションベンド形のセクション（**section**）は分割という意味です。セクションベンド形は分割して、つなぎ合わせて円弧状の形をつくります。えびの背中に似ているので、えび形ともいいます。大きな直径のダクトや大きな曲率半径のダクトでは、セクションベンド形が使われます。

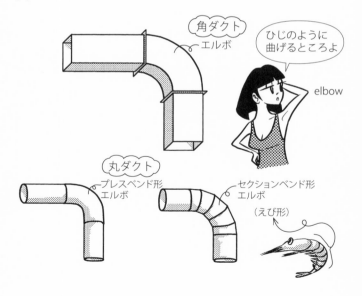

角ダクト
エルボ

ひじのように
曲げるところよ

elbow

丸ダクト
プレスベンド形
エルボ

セクションベンド形
エルボ

（えび形）

Q ガイドベーンとは？

A 空気の流れをスムーズにするための案内羽根です。

ガイドベーン（guide vane）のベーン（vane）とは、風車、タービン、ヘリコプターなどの羽根を指します。ガイドベーンは空気をガイドするための羽根、案内するための羽根です。案内羽根ともいいます。

　エルボ内部などに入れて、空気抵抗を減らし、流れをよくします。下図のように、小さな羽根を重ねて、空気を流れやすくする仕組みです。

7

空調設備

Q ダンパとは？

A ダクト内の空気の流れを調整する装置です。

ダンプ（damp）とは湿らせる、勢いを抑えるなどの意味があります。ダンパ（damper）とは勢いを抑えるという意味から、空気の流れを調節して風の勢いを調整する装置のことをいいます。

風量を調整する羽根の形は、下図のように、平行形、対向形、バタフライ形などがあります。羽根を動かす方法には、手動で行うもの、電動で行うもの、完全自動で行うものがあります。

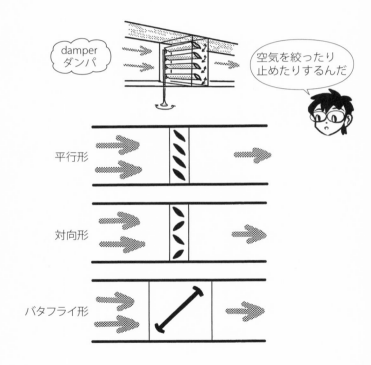

Q 防火ダンパとは？

A 火事の熱などに反応してダクトを閉めるダンパです。

防火ダンパはファイアダンパ（**Fire Damper**）ともいい、略して**FD**と図面に書くこともあります。

　防火区画は、火事が広がらないようにする区画で、鉄筋コンクリートなどの燃えにくい壁、床で囲みます。防火区画にダクトを通す際には穴をあけることになりますが、火事が起きたときにはその穴を閉める必要があります。そこで登場するのが防火ダンパです。

　ヒューズなどで羽根を留めておくと、火事の際には熱で溶けて、羽根が自動的に閉まります。換気扇のダクトなど、小さなダクトでも必ず防火ダンパは付けられています。マンションの排気口などをのぞいてみると、中に小さな防火ダンパが仕込まれているのがわかります。

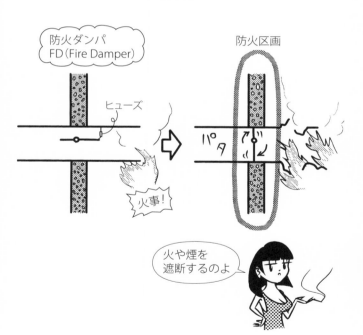

防火ダンパ
FD（Fire Damper）

ヒューズ

火事！

防火区画

パタ

火や煙を
遮断するのよ

7
空調設備

Q スリーブとは？

A 設備の配管やダクトを通すために壁、梁、床にあけた穴のことです。

スリーブ（sleeve）とは、袖（そで）のこと。ダクトなどの管を梁や壁に通すこと、その孔のことが、袖に腕を通すことに似ているので、スリーブと呼ばれるようになりました。

防火区画に設けたスリーブにダクトを通す場合、ダクトとスリーブとの隙間をモルタルなどの不燃材で埋めます。さらに、防火ダンパを付けて、火事の際にダクトが閉じるようにします。

よく目にするのは、マンションの住戸にあけられたエアコンの冷媒管、ドレイン管（水を抜く管）用のスリーブです。事前に壁にスリーブがあけられていて、入居者が後からエアコンを設置できるように処理されています。マンションの換気ダクトは、梁のスリーブで抜くのが一般的です。壁で抜く方がよいのですが、天井高が許してくれません。

スリーブを構造体にあける場合、構造的にマイナスの影響があるので、スリーブの周囲は、鉄筋などで補強する必要があります。設計段階でスリーブの位置がわかっていないと補強できないので、ダクトを通すスリーブ位置の設定には特に神経を使います。

なるべく梁下を通すことを考えますが、梁下が大きく取れない場合は、仕方なく梁にスリーブをあけます。階高の低いマンションやホテルなどでは、梁のスリーブが必須となります。

sleeve
スリーブ

そで
袖に腕を
通すように

冷媒管、ドレイン管
のためのスリーブ

Q ベントキャップとは？

A 排気管、通気管の端部に付けるキャップのことです。

ベントキャップ（vent cap）のベント（vent）は、<u>排気管、通気管、排気孔、通気孔のこと</u>で、煙や空気を出し入れする穴や管のことです。それに付けるキャップ（cap）だから、ベントキャップです。英語では vent terminal capともいいます。terminalとは端部の、という意味です。

　ベント（vent）に関連して、ベンティレイト（ventilate）は換気する、ベンティレーション（ventilation）は換気という意味です。一緒に覚えておきましょう。

　ベントキャップには、雨が入らないように、下向きの羽根を並べた<u>ガラリ</u>（ルーバ louver）や、さらに<u>フード</u>（hood）を付けたものがあります。虫が入らないように、<u>メッシュ</u>（mesh）が内部に付けられています。要するに、雨と虫よけのためのものです。

　アルミ製、ステンレス製などの既製品が数多くありますが、大型のベントキャップは、オーダーメイドとなります（図面記号はR123参照）。

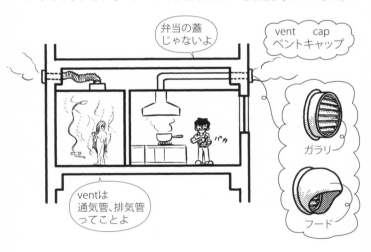

弁当の蓋
じゃないよ

vent cap
ベントキャップ

ガラリ

フード

パカ

ventは
通気管、排気管
ってことよ

7

空調設備

Q グラスウールダクトとは？

A 下図のような、保温、消音、軽量化のためのグラスウールでできたダクトのことです。

 グラスウール（glass wool）とは、ガラス繊維をウール状（羊毛状）にしたものです。内部に気泡を多く封じ込めているので、軽くて熱を通しにくい性質（断熱性）があります。また、空気の振動を吸収するので、吸音効果もあります。

　グラスウールをダクトの形に成形して、内部は不織布（ふしょくふ：織らずにつくられた布）、外部はアルミの薄膜などで覆ったのがグラスウールダクトです。

　ダクト内の空気は、暖房の場合は暖かく、冷房の場合は冷たくなっています。暖かい空気が冷えないように、冷たい空気が暖まらないように、グラスウールで囲って保温（保冷）するわけです。また、空気の振動（音）はグラスウールで吸収されて、外へ漏れにくくなります。

　ダクトに冷えた空気が通っている場合、グラスウール内部に入った湿気が冷えて結露するおそれがあります。アルミを外側に張ると、湿気がグラスウール内部に入るのを防ぎ、グラスウール内での結露を防ぐことができます。

　鋼板製ダクトで保温をする場合は、ダクトの外側に針金を出しておいて、そこにグラスウールマットを刺して、針金を折り曲げて留めます。結露防止のために、そのグラスウールの外側に防湿材を張ります。

　空気の合流、分岐の所では風切り音が大きくなるので、エルボやチャンバだけグラスウールを使ったダクトとすることもあります。また、消音のために吹出しの手前のチャンバだけグラスウールを使うこともあります。消音エルボ、消音チャンバなどと呼ばれています。

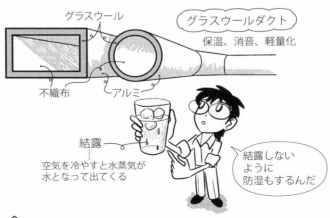

グラスウール

グラスウールダクト
保温、消音、軽量化

不織布　　アルミ

結露

空気を冷やすと水蒸気が
水となって出てくる

結露しない
ように
防湿もするんだ

Q キャンバス継手とは？

A 下図のような、キャンバス地を使った振動や振動音を伝えないためのダクトの継手です。

キャンバス（canvas）継手は、配管のフレキシブル継手（可とう継手）と同様に、振動を伝えないためにダクトに付ける継手です。フレキシブル継手、たわみ継手などともいいます。

　送風機などのモーターを使う機械は、どうしても振動や振動音が出ます。鋼板製ダクトを直接つなぐと、振動と振動音が各部屋にまで伝わってしまいます。そこで、振動が伝わらないように、柔らかいキャンバス生地でできたダクトを間に挟むわけです。

7

空調設備

Q アネモ形吹出し口とは？

A 下図のような、円錐状の方向板を3〜4層重ねた天井吹出し口のことです。

アネモ形吹出し口は、アネモスタット（anemostud）形吹出し口ともいいます。アネモ、アネモスタットとも呼ばれます。

アネモ（anemo）とはギリシャ語で風のことです。スタットとは、飾りボタン、飾りびょうのスタッド（stud）がなまったものと思われます。またアメリカのドアルーパーのメーカー、アネモスタット（anemostat）から来た名称ともいわれています。

円錐状の羽根のため、吹き出した空気がよく拡散するので、天井の低い部屋などで広く使われています。

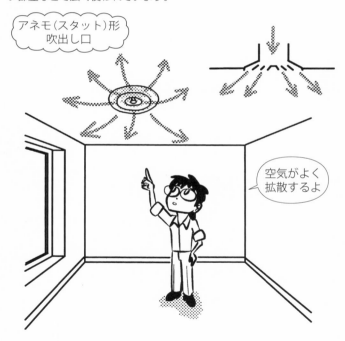

アネモ（スタット）形
吹出し口

空気がよく
拡散するよ

Q パン形吹出し口とは？

▼

A 下図のような、皿形のじゃま板の付いた吹出し口です。

パン（pan）とは、なべ形、皿形という意味です。フライパンは揚げる（fry）ための皿。洗濯機パンは洗濯機を置く皿状の器具のことです。パン形吹出し口は、吹出しのじょうご形の下に、皿のような空気の流れをじゃまする板を付けたものです。

　　皿が空気を周囲に振り分けて、拡散させますが、拡散性はパン形よりアネモ形の方が優れています。

　　周囲へ、四方へと広がるように流す吹出し口を、輻流吹出し口といいます。「輻（ふく）」とは、車の軸のように四方へ広がる様を意味します。

　　　　輻流吹出し口　→　アネモ形、パン形

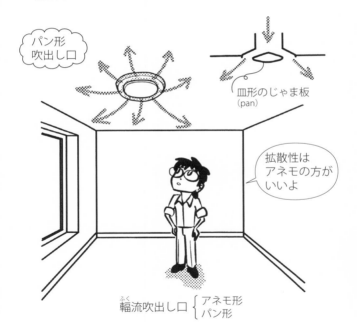

【 姉も パンを 吹き出すことがある 】
　　アネモ

【　】内スーパー記憶術

Q ライン形吹出し口とは？

A 下図のような、直線状の吹出し口です。

ライン形は、スロット形、ブリーズ形などともいいます。スロット（slot）は細い隙間、溝のこと、ブリーズ（breeze）はそよ風のことです。

ペリメータゾーン（窓際のゾーン）への吹出しに使われます。ペリメータ（perimeter）は周辺部という意味で、ペリメータゾーンとは窓際や外壁側の熱負荷の大きい部分のことです。ペリメータゾーンに対して、建物の奥の方、内部の方はインテリアゾーン（interior zone）と呼ばれます。

ライン形は直線状なので、窓の上に付けるにはちょうどよく、吹出しだけでなく、吸込み口としても使われます。インテリアゾーンでは周囲に空気が広がるアネモ形、窓の上には下に空気を吹き出すライン形と、組み合わせて使います。

ライン形吹出し口には、照明と一体化された製品もあります。長いLED照明の両側に、ライン形吹出し口が仕組まれています。主に大規模なオフィスで使われます。

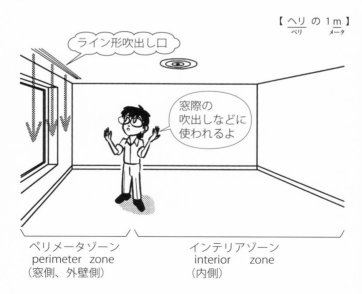

【 ヘリ の 1 m 】
　ヘリ　　メータ

ライン形吹出し口

窓際の
吹出しなどに
使われるよ

ペリメータゾーン
perimeter zone
（窓側、外壁側）

インテリアゾーン
interior zone
（内側）

【　】内スーパー記憶術

Q ノズル形吹出し口とは？

A 下図のような、気流の方向を決めるノズルの付いた吹出し口です。

天井が高い劇場やホールなどの吹出し口は、吹き出した空気の到達距離が長くなければいけません。そのため、気流の軸を定める必要があります。

　ノズル形吹出し口で、気流を軸の方向に絞る役目をするのがノズル（nozzle）です。口を細く絞って空気を吐き出すわけです。口笛を吹くような形で空気を絞って、空気の方向を定めます。

　アネモ形吹出し口、パン形吹出し口が輻流吹出し口であるのに対して、ライン形吹出し口、ノズル形吹出し口は軸流吹出し口と呼ばれます。軸の定まった方向性のある気流を吹き出すからです。

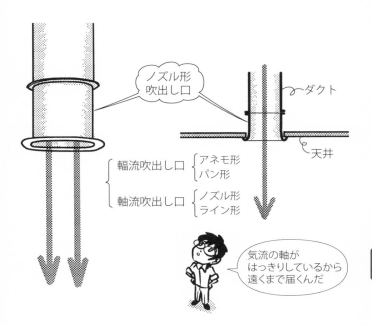

ノズル形
吹出し口

ダクト

天井

輻流吹出し口 { アネモ形
　　　　　　　 パン形

軸流吹出し口 { ノズル形
　　　　　　　 ライン形

気流の軸が
はっきりしているから
遠くまで届くんだ

7

空調設備

Q パンカルーバ形吹出し口とは？

A 下図のような、吹き出す方向を変えられるノズル形吹出し口です。

パンカルーバ（punkah louver）は、バンカルーバとなまっていわれることもあります。ノズル形吹出し口の中で、風向きが変えられるものです。

　パンカ（punkah）とは、インドで天井から吊す大うちわのことです。そこから天井に吊す扇風機もパンカと呼ばれるようになりました。ルーバ（louver）とは、薄い板を何枚も重ねたもので、空気の方向を調節したり、雨が入らないようにしたりする装置です。よろいともいいます。パンカルーバ形は、厨房や工場の局所的な吹出し口などによく使われます。

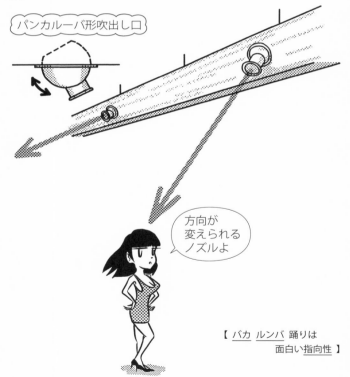

パンカルーバ形吹出し口

方向が
変えられる
ノズルよ

【 バカ ルンバ 踊りは
面白い指向性 】

【 】内スーパー記憶術

Q グリル形吹出し口とは？

A 下図のような、格子状の羽根の付いた吹出し口です。

グリル（**grill**）とは、魚などを焼く網、格子などが原義です。そこから格子の付いた吹出し口を、グリル形吹出し口といいます。

網のようなグリルは珍しく、たいていは羽根状のグリルです。<u>グリル形吹出し口</u>は、羽根によって空気の方向を調整できます。

羽根が水平方向に付けられたものを**H形グリル**、垂直方向に付けられたものを**V形グリル**、水平垂直両方向に付けられたものを**HV形（VH形）グリル**といいます。**Horizontal**（水平の）、**Vertical**（垂直の）の頭文字を取ったものです。水平羽根が前にあるのがHV形、垂直羽根が前にあるのがVH形です。

グリル形は羽根を動かすことができるものが普通です。その場合のグリル形吹出し口は、<u>ユニバーサル形吹出し口</u>ともいいます。**universal**は普遍的という意味で、どちらの方向にも吹き出せる形ということです。グリル形は、吸込み口としても使われます。

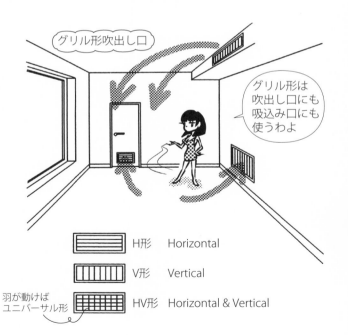

グリル形吹出し口

グリル形は
吹出し口にも
吸込み口にも
使うわよ

| | H形 | Horizontal |
| | V形 | Vertical |
羽が動けば
ユニバーサル形 | HV形 | Horizontal & Vertical |

Q 床置き形吹出し口とは？

A 下図のような、床に設けられた吹出し口です。

ホールのような天井の高い空間では、天井付近に吹出し口があると、なかなか人のいる場所まで届きません。そのため、床置き形吹出し口を設けることがよく行われます。

　オフィスビルなどで、配線のレイアウトを後から何度でも変えられるように、床を二重にすることがあります。フリーアクセスフロアなどと呼ばれ、コンクリートスラブの上に、床上げするユニットを並べてつくります。その二重床の中に空気を通せば、床吹出しの空調が可能となります。

二重床の中に
空気を通せば
いいのよ

床置き形
吹出し口

Q 音楽ホールや劇場などの空調で、観客席を利用した吹出し口とは？

A 下図のような、観客席の座面下や裏などを使って、空気を後部へと流すようにした吹出し口です。

大型のホールでは、側面の壁や天井から吹出しノズルで空気を出しても、空間が広いので効率がよくありません。それよりも人の近くで小さい空気の流れをつくった方が効率がよいという考えから、観客席を使った空調が考えられました。

床置き形吹出し口の一種ですが、足で空気の流れをじゃまされないように、吹出し口は椅子の中に仕込みます。

座面下の空間を使ってチャンバをつくり、そこにダクトをつなぎます。そこから背板裏を通すなどして背後へと空気を流します。

椅子に
吹出し口を
仕込むんだ

チャンバ

Q ドアのアンダーカットとは？

A トイレや洗面所などのドアの下に少し隙間をあけて、空気が流れるようにしたものです。

トイレや洗面所などでは、換気扇を中に付けます。外から空気が入ってこなければ、空気を吸い出すことができません。

そこで、ドアにドアグリルを付けたり、ドアの下に隙間をあけたりします。アンダーカット（under cut）とは、文字どおり下を切ることです。アンダーカットは通常20mm程度です。

ドアグリルは中が見えないように、ガラリ（ルーバ）を付けるのが普通です。ドアグリルを付けたうえにアンダーカットすることもあります。

すべての建物の居室に関しては、24時間換気が義務付けられています。室内空気が1時間に何回入れ替わるかの換気回数は、住宅の居室で0.5回/h、その他の居室で0.3回/hと建築基準法で定められています。トイレ、洗面所ばかりでなく、一般の寝室などのドアにも、空気が流れる工夫がされるようになってきました。

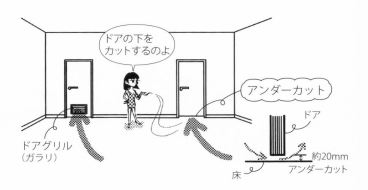

Q 全空気方式とは？

▼

A 空気だけを使った空調方式です。

下図のように全空気方式は、給気ダクト、還気ダクトを使って各部屋を空調します。給気ダクトは、送気ダクト、サプライダクトともいいます。供給はsupply（サプライ）ですから、Supply Airの頭文字を取ってSAと図面表記することもあります。

空気を部屋に入れたら、同じ量の空気を部屋の外に出して、部屋の中に適温の空気が流れ込むようにします。部屋の空気を空調機に還すわけです。空気を還すから還気ダクトです。リターンダクトともいいます。

戻るはreturn（リターン）ですから、Return Airの頭文字を取ってRAと図面表記することもあります。その略語を使って、SAダクト、RAダクトということもあります。

還気ダクトから還ってきた空気は、空調機で暖められて（冷やされて）、給気ダクトで再度部屋へと送られます。

全空気方式

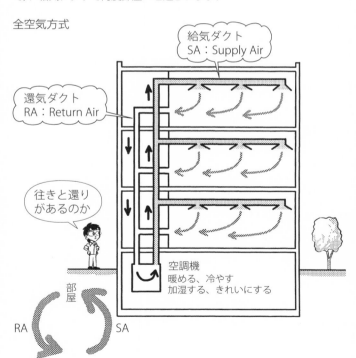

Q 全空気方式の空調方式で、排気ダクト、外気ダクトとは？

A 下図のような、汚れた空気を外に出すダクト、外気を取り込むダクトです。

給気と還気をグルグルと繰り返しているだけでは、空気がどんどん汚れてしまいます。二酸化炭素も増えるし、たばこの煙や粉じんもたまります。そうかといって、還気しないですべて排気してしまうと、エネルギーのロスが大きくなります。

そこで、給気、還気のサイクルの途中で、徐々に古い空気を捨てて、新しい空気を取り入れていきます。古い空気を外へ出す役目のダクトが排気ダクト、新しい外気を取り入れる役目のダクトが外気ダクトです。

換気の排気ダクトなどと区別するために、空調排気ダクト、空調外気ダクトと呼ぶこともあります。排気は**EA**（Exhaust Air：イグゾーストエア）、外気は**OA**（Outside Air：アウトサイドエア）と略します。その略語を使って、**EA**ダクト、**OA**ダクトということもあります。exhaustとは排出（する）、疲れ果てさせる、exhaust airは排気という意味です。

【 行くぞ ストだ! は 疲れさせる 】
イグゾースト

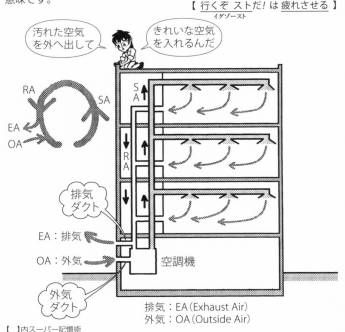

排気：EA（Exhaust Air）
外気：OA（Outside Air）

【　】内スーパー記憶術

Q 空気を空調機で暖める（冷やす）仕組みは？

A 下図のように、熱源設備から運んだ熱を空調機に運んで空気に伝えます。

空調機の中には、加熱器、冷却器が入っています。クネクネしたコイル状になった管（加熱コイル、冷却コイル）です。コイルの中には、温められた（冷やされた）水、蒸気、熱媒（冷媒）などが通されます。

　そこを空気が通ると、暖められたり冷やされたりします。コイル状になっているのは、空気と接する面積を増やして、熱が伝わりやすくするためです。水、熱媒などから空気へと熱を交換するので、熱交換といいます。

　水や熱媒などを熱したり冷やしたりする熱源設備は普通、空調機の外に置きます。メンテナンスしやすく、また安全を確保しやすくするために、大型のシステムでは、空調機と熱源設備は分離されています。熱する方をボイラ、冷やす方を冷凍機といいます。

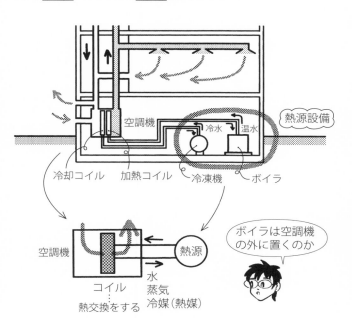

7

空調設備

Q エアハンドリングユニットとは？

A システムの中央に置く大型の空調機のことです。

■ エアハンドリングユニット（**air handling unit**）は、直訳すると空気を扱う装置となります。いわゆる空調機ですが、各階、各室にダクトで空気を送る大本の（中央の）大型空調機を指してこのようにいいます。頭文字を取って**AHU**とも呼びます。エアハンと略すこともあります。

　空気の汚れを取るフィルタ、空気を暖めたり冷やしたりする加熱・冷却コイル、空気に水蒸気を加える加湿器、空気を送るファン（送風機）などを一体にしてケーシング（箱）に入れた空調機です。

　AHUからダクトを各室に引き、冷風、温風を送り込みます。

　機械室に**AHU**を置いて空調（冷暖房と換気）を一元的に管理する方式を、中央管理方式の空調設備と建築基準法では呼びます。機械室を中央機械室、管理する部屋を中央管理室といいます。

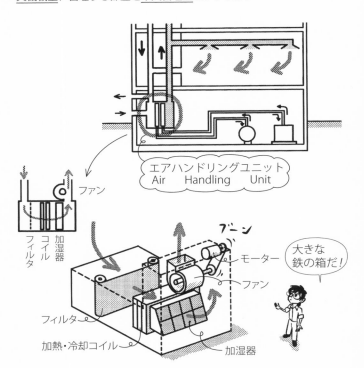

エアハンドリングユニット
Air　Handling　Unit

ファン

フィルタ
コイル
加湿器

大きな
鉄の箱だ！

ブーン

モーター
ファン

フィルタ

加熱・冷却コイル

加湿器

Q 各階ユニット方式とは？

A 下図のように、各階に空調機を置いて、そこからダクトで空気を室内に送り込む方式です。

各階に空調機、エアハンドリングユニットを置くので、各階ユニット方式といいます。ユニット（**unit**）とは、機械をひとまとまりの単位（ユニット）としたもの、装置という意味です。各階をひとまとまりの単位としているので、各階ユニット方式です。

　地下に空調機を置いて縦ダクトで各階に送る場合、縦ダクトのスペースが取られます。各階ユニット方式では、ボイラ、冷凍機から各階の空調機に温水、冷水を送るだけなので、スペースはさほど取りません。

　また、大型の空調機を1カ所に置いた場合に比べて、各階で個別の制御が可能となります。3階だけ空調を止めるなどの操作が簡単にできます。大型の建物では、各階ユニット方式が採用されます。各階の面積が大きい場合は、さらにゾーンごとに空調機を分ける場合もあります。各階ユニット方式では、各階に機械を置くスペースが必要となります。

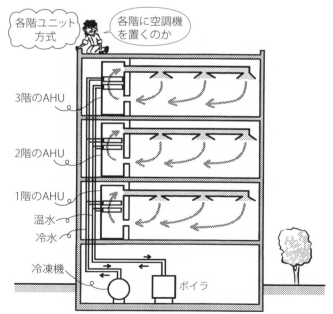

AHU：エアハンドリングユニット

7

空調設備

Q VAV装置とは？

▼

A 吹出し風量を変化させる装置です。

VAVはVariable Air Volumeの略で、直訳すると、変化できる空気の量となります。変風量装置、VAVユニットともいいます。要は、ダクトの風量を調整する装置です。

単一のダクトで吹き出す場合、空調機でつくった温度、湿度の空気をそのまま出すので、温度調整が部屋ごとにしにくい方式といえます。

そこで、ダクトからの風量を調節して、温度などを調節する方法が考えられました。ダンパやノズルなどでダクトを絞って調整するもの、室内空気を一緒に吸い込んで調整するもの、吹出し空気の一部を外に出すことで調整するものなどがあります。

【（あかちゃんが）　バブバブ言ったら窓を閉める　】
　　　　　　　　　　　　VAV　　　　　　　　変風量

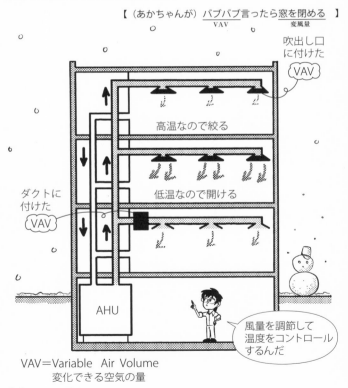

吹出し口
に付けた
（VAV）

高温なので絞る

低温なので開ける

ダクトに
付けた
（VAV）

風量を調節して
温度をコントロール
するんだ

AHU

VAV＝Variable　Air　Volume
　　　変化できる空気の量

【　】内スーパー記憶術

Q 二重ダクト方式とは？

A 下図のように、温風、冷風のダクトを設置して、吹き出す所で混合させることにより、温度を調整する方式です。

二重ダクト方式では空調機からは温風、冷風が別々に出てきます。それぞれ加熱コイル、冷却コイルを通った空気です。その空気を、部屋の吹出し口に設けた混合ユニットで混ぜて、温風と冷風の混合具合で、温度を調整するわけです。

　混合ユニットごとに温度調整が可能となります。ダクトが2系統あるため、スペースが必要となり、コストもかかるなどの理由から、手術室、実験室などの特別な部屋以外には使われません。

　ダクトが一重（単一）か二重かで、単一ダクト方式、二重ダクト方式と呼びます。単一ダクト方式で温度調整するためには、VAVで風量を増減します。二重ダクト方式では、混合ユニットで温風と冷風の混ぜ具合を調整します。

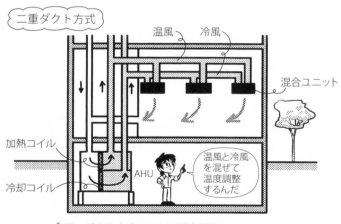

二重ダクト方式

温風　冷風

混合ユニット

加熱コイル

AHU

冷却コイル

温風と冷風
を混ぜて
温度調整
するんだ

｛ 単一ダクト方式… VAVで温度調整
　　　　　　　　　（風量を変える）
　二重ダクト方式… 混合ユニットで温度調整
　　　　　　　　　（温風と冷風の混ぜ具合）

7

空調設備

Q ダクトで空気を送る全空気方式にはどんな種類がある？

A 下図のように、定風量単一ダクト方式、変風量単一ダクト方式、二重ダクト方式があります。

今まで説明したダクトの方式をまとめておきます。空調機で温度調整された空気を、そのまま1本のダクトで送るのが単一ダクト方式です。

単一ダクト方式のうち、各所で風量が調整できないのが定風量単一ダクト方式。Constant Air Volumeを略してCAV方式ともいいます。

単一ダクト方式のうち、各所で風量が調整できるのが変風量単一ダクト方式。風量を調整する装置がVAVです。Variable Air Volumeの略で、システム全体をVAV方式ともいいます。

温風と冷風を2本のダクトで送って、各所の混合ユニットで混合して温度調整するのが二重ダクト方式です。

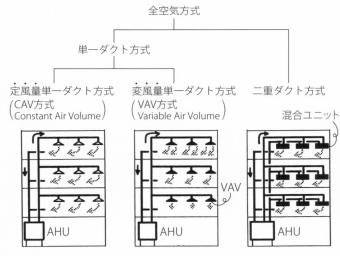

全空気方式

単一ダクト方式

定風量単一ダクト方式
(CAV方式
Constant Air Volume)

変風量単一ダクト方式
(VAV方式
Variable Air Volume)

二重ダクト方式

混合ユニット

VAV

AHU　　　　AHU　　　　AHU

AHU：エアハンドリングユニット
VAV：変風量装置

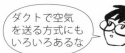

ダクトで空気
を送る方式にも
いろいろあるな

Q 全水方式とは？

A 各部屋に温水や冷水を送って、ファンコイルユニットなどで冷暖房を行う方式です。

下図は暖房を例にしたものです。全空気方式は、中央の空調機（エアハンドリングユニット）でつくった温風をダクトでそのまま送ります。全水方式では、ボイラから各部屋に温水を送り、ファンコイルユニット（R212参照）やコンベクタ（R215参照）のコイルに温水を回して、温風をつくります。

　　　全空気方式　→　中央から空気を送る
　　　全水方式　　→　中央から水を送る

全水方式では、空気を通すダクトではなく、細い水の管を回すだけなので、設備スペースは少なくてすみます。また、個別運転、個別制御がしやすいというメリットがあります。ファンコイルユニットは、各部屋でファンの出力を強めたり弱めたり、止めたりすることができます。

ただし、ファンコイルユニットやコンベクタは室内の空気を循環させるだけなので、換気や加湿などは別に行う必要があります。

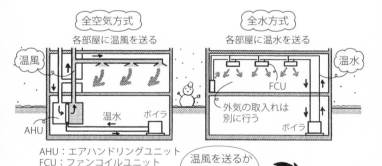

全空気方式　各部屋に温風を送る

全水方式　各部屋に温水を送る

温風　　温水　ボイラ　AHU　FCU　外気の取入れは別に行う　ボイラ

AHU：エアハンドリングユニット
FCU：ファンコイルユニット

温風を送るか
温水を送るか
の違いか…

全空気方式と同様に全水方式でも、定流量方式ĊWV（Constant Water Volume）、変流量方式V̇WV（Variable Water Volume）があります。省エネルギー効果が高いのは風量、流量が変えられるV̇AV、V̇WVです。

【 省エネに V（勝利）! 】
　　　　　　　　V̇AV, V̇WV

【 】内スーパー記憶術

7

空調設備

Q 空気・水方式とは？

A ダクトで温冷風を送ると同時に、温冷水を送ってファンコイルユニットで温冷風をつくる方式です。

下図は、暖房を例にしたものです。<u>全空気方式と全水方式を併用する</u>システムで、空気方式に比べて、個別制御がしやすいというメリットがあります。

　空気と水を併用するシステムと区別するために、空気方式を<u>全空気方式</u>、水方式を<u>全水方式</u>というようになりました。

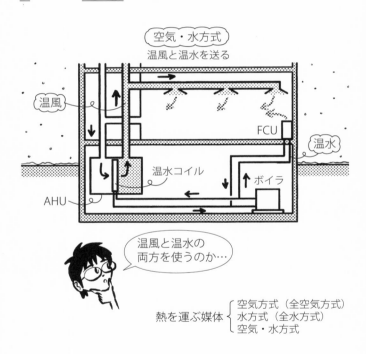

空気・水方式
温風と温水を送る

温風

FCU

温水

温水コイル

ボイラ

AHU

温風と温水の
両方を使うのか…

熱を運ぶ媒体 { 空気方式（全空気方式）
水方式（全水方式）
空気・水方式

Q 熱を運ぶ媒体別に空調方式を分類すると？

A 全空気方式、全水方式、空気・水方式、冷媒方式です。

全空気方式は、エアハンドリングユニット（AHU）で暖めた（冷やした）空気をダクトを通して部屋に送る方式です。ボイラ、冷凍機はAHUと分離して置かれます。

全水方式は、ボイラ、冷凍機で暖めた（冷やした）水を部屋に送って、ファンコイルユニット、コンベクタなどで空気を暖め（冷やし）ます。

空気・水方式は、AHUで空気を送ると同時に冷温水も送って、空気を吹き出すと同時にファンコイルユニットなども動かします。

冷媒方式は、ヒートポンプ（R217参照）のように、室内機－室外機の熱のやり取りを、冷媒を通して行います。冷媒、熱媒は広義には、熱の媒体となる物質のことですから、水、水蒸気、空気も含まれます。狭義には、冷媒は空気、水、水蒸気を除いた、代替フロン、二酸化炭素などを指します。ここで冷媒方式といった場合は、狭義の冷媒となります。

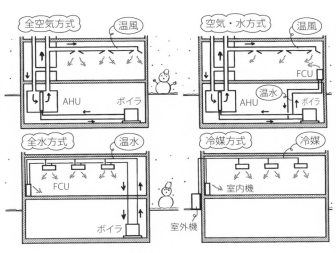

AHU：エアハンドリングユニット　FCU：ファンコイルユニット

Q 軸流送風機、遠心送風機とは？

A 下図のように、ファンの回転軸に沿って風を送るのが軸流送風機、ファンの外側へ風を送るのが遠心送風機です。

軸流送風機には、露出された換気扇でおなじみのプロペラファンのほか、チューブファンなどがあります。
　遠心送風機には、ファンの形からターボファン、シロッコファン、リミットロードファンなどがあります。

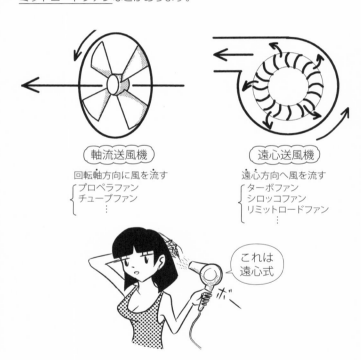

（軸流送風機）
回転軸方向に風を流す
$\left\{\begin{array}{l}\text{プロペラファン}\\ \text{チューブファン}\\ \vdots\end{array}\right.$

（遠心送風機）
遠心方向へ風を流す
$\left\{\begin{array}{l}\text{ターボファン}\\ \text{シロッコファン}\\ \text{リミットロードファン}\\ \vdots\end{array}\right.$

これは
遠心式

Q ファンコイルユニットとは?

A 下図のような、ファンとコイルが収められた小型の空調機です。

ファンコイルユニット（fan coil unit）のファン（fan）はうちわ、扇風機、送風機のことで、コイル（coil）はグルグルと巻き付けられたもの、ユニット（unit）はひとまとまりのもの、装置のことです。頭文字を取ってFCUと略されることもあります。

コイルの中に温水や冷水などを流して、そこに空気を通して空気を暖めたり冷やしたりします。コイルにするのは、空気との接触面積を増やして、熱が伝わりやすいようにするためです。熱を伝えることを熱交換といいますが、空気と水との熱交換がコイル周辺で行われるわけです。

吸込み口には、空気の汚れを取るためのフィルタが付いています。フィルタは取外し可能で、定期的に清掃する必要があります。

ファンコイルユニットには、床に置くタイプ、天井に吊るすタイプなどがあります。

ファンとコイル
だから
ファンコイル

まんま

ファンコイルユニット

コイル… 温水、冷水
　　　　を流す

ファン

フィルタ

7

空調設備

Q 天井埋込み型のファンコイルユニットでは、空気の吹出し口と吸込み口はどうなっている？

A 下図のように、中央から吸い込んで、脇の吹出し口から吹き出す型が多いです。

窓際では前述の床置き型ファンコイルユニット、部屋の中央部では、下図のような4方向や2方向に吹き出す天井埋込み型ファンコイルユニットをよく使います。空気が4方向、2方向に広がるので効率よく空調できます。

　中央の吸込み口にはフィルタが組み込まれていて、取り外して掃除できるようになっています。その上にファンがあります。

　コイルには温水や冷水（または熱媒、冷媒）が通されていて、空気を暖めたり冷やしたりします。細いノズルによって空気が吹き出されますが、ノズルの羽根が動く、首を振るタイプが普通です。

　空気を出す所は細くして流れを速めて四方へ遠くまで飛ばし、吸い込む所は広い面とするため、真ん中から吸って脇から出す形になったものと思われます。

　天井埋込み型ファンコイルユニットは、オフィス、教室、会議室、ホテル、住宅などに広く使われます。コンパクトに空調機が収められているので、カセットとか天井吊りカセット、略して天カセと呼ばれることもあります。

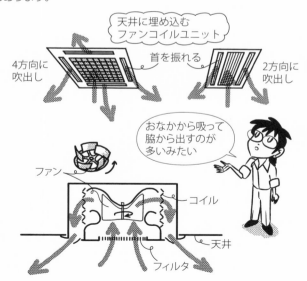

天井に埋め込む
ファンコイルユニット

4方向に吹出し　　首を振れる　　2方向に吹出し

おなかから吸って
脇から出すのが
多いみたい

ファン

コイル

天井

フィルタ

Q 誘引ユニットとは?

A 下図のような、ダクトからの空気をノズルから吹き出して室内の空気を誘引して一緒に吹き出す空調機です。

誘引ユニットは、インジェクションユニット（injection unit）ともいいます。インジェクト（inject）とは射出、投入という意味で、ダクトの空気を射出して室内空気を誘引する仕組みからきています。

暖房の場合、ダクトから運ばれた温風（1次空気）をノズルから吹き出し、下からの室内空気（2次空気）を誘い込んで、巻き込んで上から吹き出します。誘引された室内空気は、温水の回ったコイルで暖められています。

形はファンコイルユニットに似ていますが、ファンではなく、ダクトからの空気をノズルから吹き出して（inject）空気の流れをつくっているところが違います。また、ファンコイルユニットは水だけ送ればいいのですが、誘引ユニットは水と空気の両方を送らなければなりません。ダクトを必要とする分、ファンコイルユニットよりも大がかりになります。

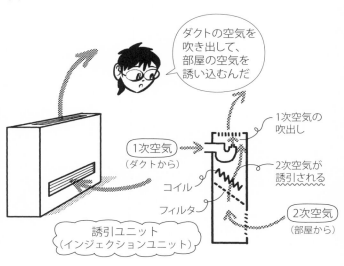

ダクトの空気を吹き出して、部屋の空気を誘い込むんだ

1次空気（ダクトから）
コイル
フィルタ
誘引ユニット（インジェクションユニット）

1次空気の吹出し
2次空気が誘引される
2次空気（部屋から）

7
空調設備

Q コンベクタとは？

A 温水や蒸気をコイルに通して空気を暖め、その対流によって部屋全体を暖める自然対流放熱器のことです。

コンベクト（convect）とは対流させる、コンベクタ（convector）とは対流させるものが原義です。主に暖房用です。

　まずコイルとフィン（fin：魚のひれから転じて薄い板）が温水で温められ、次にコイルとフィンによって、空気が暖められます。空気との接触面積を増やすために、コイルがグルグルと回されたり、板状のフィンがずらりと並べられています。

　空気は暖められると、膨張してまわりの空気よりも軽くなります。軽くなった空気は上へと上昇して、対流が生まれます。部屋をひと回りして、コンベクタに戻ってくる仕組みです。

　小型の送風機を付けたコンベクタもあり、強制対流放熱器ともいわれます。ファンコイルユニットに近い器具といえます。

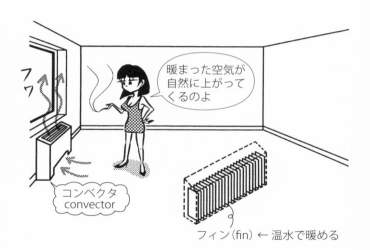

暖まった空気が自然に上がってくるのよ

コンベクタ
convector

フィン（fin）← 温水で暖める

Q ファンコイルユニットやコンベクタを窓下に置くのは？

A コールドドラフトを防ぐためです。

コールドドラフト（cold draft）とは、直訳すると冷たい風、冷たい隙間風です。窓側のガラス面で冷やされた空気は、収縮してまわりの空気よりも重くなります。冷やされて重くなった空気は、下へと動き、室内床面、中ほどへと移動していきます。

ガラスを二重（ペアガラス）にして、断熱をよくするなどの対策があります。また、暖房器具を下に置いて、上向きに暖かい空気を吹き出すような積極的な対策も効果的です。

ファンコイルユニットは、ファンで上向きに暖かい空気を吹き出すので、ガラス面の空気が冷える心配がありません。コンベクタも同様に、暖かい空気がほんわかと上がってくるので、コールドドラフトを防ぐことができます。

左下の図のように、床置き式の暖房機を窓下に置かず反対の壁側に置くと、逆効果となるので注意してください。コールドドラフトを室内へと誘い込むような気流をつくってしまいます。

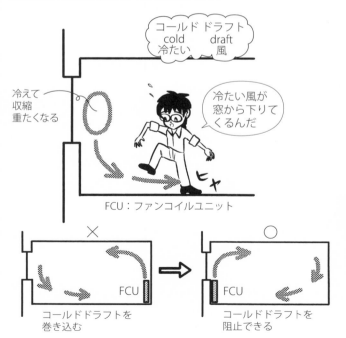

コールド ドラフト
cold draft
冷たい 風

冷えて
収縮
重たくなる

冷たい風が
窓から下りて
くるんだ

FCU：ファンコイルユニット

× FCU
コールドドラフトを
巻き込む

○ FCU
コールドドラフトを
阻止できる

7

空調設備

Q ヒートポンプと呼ばれる理由は？

A 熱を低温部から高温部へと移動させるところが、水を低い所から高い所へと汲み上げるポンプに似ているからです。

熱は高温部から低温部に移動するのが、自然の姿です。高い方から低い方へ流れるのは、水と同じです。逆方向に流すためには、何らかのエネルギーと装置を使う必要があります。

水を低い所から高い所へと上げるには、ポンプを使って汲み上げます。同様に、熱を低温部から高温部へと移動させるには、ヒートポンプという装置を使います。熱（heat:ヒート）を汲み上げるポンプという意味で、ヒートポンプといいます。

冷房時は、低温の室内から高温の室外へ、暖房時は、低温の室外から高温の室内へと、熱を汲み上げます。どちらも温度が低い方から高い方へ熱を汲み上げるわけです。

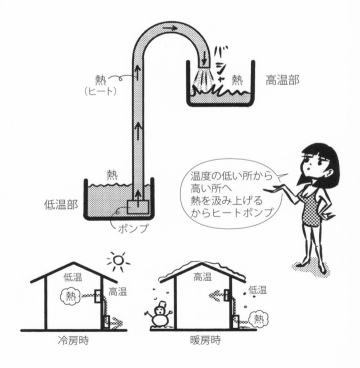

温度の低い所から
高い所へ
熱を汲み上げる
からヒートポンプ

冷房時　　　　　暖房時

Q ヒートポンプが熱を運ぶ仕組みは？

A 下図のように、液体が気体になるときに熱を奪い、気体が液体になるときに熱を出す現象を利用します。

熱を運ぶものを冷媒、熱媒などといいます。現在のヒートポンプでは、代替（だいたい）フロンが多く使われています。

冷媒の液体が気体になるときに周囲から熱を奪い、その気体が液体になるときに周囲に熱を放出します。液体から気体、気体から液体と状態変化するときに熱（エネルギー）を吸収したり放出したりすることを利用して、熱を汲み出します。

圧縮、膨張させることによって、状態変化をしやすくしています。圧縮するのがコンプレッサー、膨張させるのが膨張弁です。

ヒートポンプでは電気を使って熱をつくるのではなく、熱を移動させる動力源として電気が使われます。消費電力がそのまま熱になるわけではないので、消費電力の何倍も熱を運ぶことができます。一方ヒーターは電気エネルギーを熱に換えているので、多くの電気が必要となります。

ヒートポンプ → 電気で熱を運ぶ
ヒーター　　→ 電気で熱をつくる

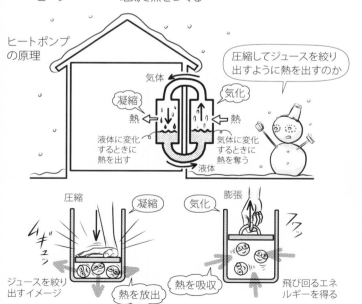

ヒートポンプ
の原理

圧縮してジュースを絞り
出すように熱を出すのか

気体
凝縮　　　気化
熱　　　　熱
液体に変化
するときに
熱を出す
気体に変化
するときに
熱を奪う
液体

圧縮　　凝縮　　　　　　膨張　気化

ジュースを絞り
出すイメージ　　　熱を放出　　　熱を吸収　　飛び回るエネ
ルギーを得る

7
空調設備

Q COP（シーオーピー）とは？

▼

A 機器のエネルギー効率を表す成績係数のことで、入力されたエネルギーの何倍の出力が可能かという数値です。

COPはCoefficient Of Performanceの略で、coefficientは係数、performanceは性能で、直訳すると性能の係数で、成績係数と訳されます。何の性能かというと、エネルギー効率の性能です。入力されたエネルギーに対して、出力されるエネルギーはどれくらいかを表す比率です。

COP＝3ならば、消費電力の3倍の能力がある、つまり1kWhの電力量で3kWhの熱を運び出せるということです。暖房能力／消費電力、冷房能力／消費電力で計算されます。分数の上下では、単位を統一します。

省エネルギー性能の指標のひとつで、COPが高いほど省エネ性能が高いということです。

ヒートポンプは電気を熱に変えるわけではなく、電気で熱を運ぶだけです。消費した電力エネルギーに対して熱の移動量を大きくすることができます。エネルギーは入ってくる合計と出ていく合計で変わるわけではありませんが（エネルギー保存則）、そこにすでにある熱を使うので、出力される熱量が消費電力よりも大きくなるのです。

COPを6や8などと1以上にできるのは、その仕組みによります。ヒートポンプは熱をつくるのではなく、そこにある熱を運ぶだけなので省エネ性能が高いといえます。

【 コップに（水を）入れたり出したり 】
　　　COP　　　　（入る電力）分の（出る熱量）

$$COP = \frac{冷暖房能力}{消費電力} \left(\frac{移動熱量}{消費エネルギー} \right)$$

コップ？

シーオーピー

【　】内スーパー記憶術

Q ヒートポンプ内で動く冷媒の圧力を縦軸、熱量を横軸にしてグラフを描くと？

A 下図のようなグラフになります。

気体をコンプレッサーで圧縮すると、気体に対して仕事をする、エネルギーを与えることになるので、気体の中の熱量が増えます。圧力が上がって熱量が増えるので右肩上がりのグラフとなります（①→②）。

その気体が液体になる（凝縮する）とき、外へ熱を出します。外へ熱を出すので、冷媒内の熱量は減ります。等圧下で熱量が減るので、グラフは左向きの直線となります（②→③）。

液体が膨張弁で減圧されるとき、グラフは垂直下向きの直線となります（③→④）。

液体が蒸発して気体になるとき、熱を外から奪います。奪った熱の分、冷媒内の熱量が増えるので、グラフは右向きの直線となります（④→①）。冷房でも暖房でもこのサイクルです。室外機と室内機の役割が逆になるだけです。

なぜ圧力を加えるのかというと、冷媒に状態変化をさせるためです。圧力を変化させないと、その温度では凝縮や蒸発をしてくれません。

この圧力と熱量のグラフはモリエル線図ともいいます。物質の持っている熱量の合計を、エンタルピーともいいます。乱雑さの指標であるエントロピーとは違います。この冷媒のサイクルは、冷凍機の冷媒のサイクルでもあります（**R226**参照）。

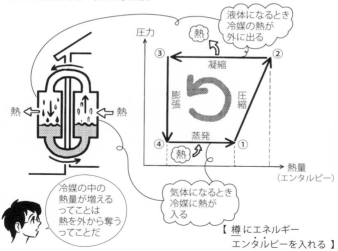

液体になるとき冷媒の熱が外に出る

圧力

熱

③　　　　凝縮　　　　②

膨張　　　　　　　圧縮

④　　　　蒸発　　　　①

熱

熱量
（エンタルピー）

冷媒の中の熱量が増えるってことは熱を外から奪うってことだ

気体になるとき冷媒に熱が入る

【 樽にエネルギー
エンタルピーを入れる 】

【 】内スーパー記憶術

7

空調設備

Q 前項のサイクルのグラフから成績係数（COP）を計算するには？

A 下図のように、圧縮時に気体に加わった熱量を分母に、冷房時に吸収した熱量または暖房時に放出した熱量を分子にして計算します。

加えたエネルギーに対して、何倍の冷房または暖房の能力が発揮されるかがCOPです。

加えた仕事量（エネルギー）＝力×距離＝圧力×体積変化

ですが、圧縮すると、圧力×体積変化分の仕事量＝エネルギー量＝熱量が気体に蓄積されます。圧縮時に加えられた熱量が、下のグラフではh_2-h_1です。冷房時に吸収する熱量はh_1-h_3、暖房時に放出される熱量はh_2-h_3ですから、

冷房時のCOP＝ (h_1-h_3) ／ (h_2-h_1)
暖房時のCOP＝ (h_2-h_3) ／ (h_2-h_1)

となります。これは理論COPで、実際は消費電力の100%が内部の熱量になるわけではないので、

$$実際のCOP＝\frac{冷暖房能力}{消費電力}$$

で計算します。

冷房時のCOP＝$\dfrac{h_1-h_3}{h_2-h_1}$

暖房時のCOP＝$\dfrac{h_2-h_3}{h_2-h_1}$

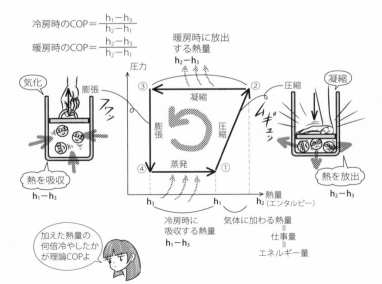

Q エコキュートとは？

A ヒートポンプでお湯を沸かす電気給湯器のシステムです。

エコキュートは、もともとエアコンなどに利用されていたヒートポンプの技術を給湯に応用したものです。深夜電力を使うことで、さらに経済的になります。冷媒には二酸化炭素を使います。

エコキュートは電力会社が開発した給湯器で、冷媒が二酸化炭素で自然、エコロジー（ecology）にやさしく、ランニングコストがガス給湯器より安くてエコノミー（economy）、そのエコにかわいいという意味のキュート（cute）を加えて、さらに給湯と語呂合わせして名付けられました。ecologyは生態学、自然生態環境という意味です。

お湯をためる貯湯槽が必要なので、置き場所を設計段階から考えておく必要があります。

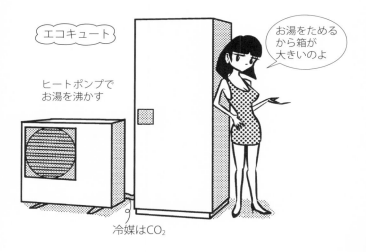

エコキュート

ヒートポンプで
お湯を沸かす

お湯をためる
から箱が
大きいのよ

冷媒はCO₂

Q ルームエアコンのドレイン管とは？

A 除湿、結露などの水を外に出すための排水管です。

 ドレイン（drain）とは排水、排水口などを指し、屋上でドレインといった場合は、雨水の排水口やその金物を指します。エアコンのドレイン管は、エアコンで出た水を外へ流すための管のことです。蛇腹のホースなどがよく使われます。

　ドレイン管は、室内機にも室外機にも必要です。除湿や結露の水は、冷房時には室内機から、暖房時には室外機から出ます。室外機はベランダなどに流せばいいのですが、問題は室内機です。

　ルームエアコンはヒートポンプなので、室内機から室外機へ冷媒管がつながっています。よく見るとそのラッキングの中に、ドレイン管と室外機用の電線も入っています。冷媒管と電線はつながってさえいればOKですが、ドレイン管はそうはいきません。水勾配を取って、外へと流れるようにしなければなりません。

　勾配がうまく取れないと水がたまってしまいます。天井埋込みの室内機などでは、ドレイン管も天井を這わせることが多く、勾配を取るのが大変です。また、ドレイン管を排水管につなぐ場合は、トラップが必要となります。排水管から臭気が上がって、室内機から臭いが出てくるためです。

　大型の空調機でも、空気を冷やす場合は結露が起こるので、ドレイン管が必要となります。空調機内部では、結露水がきれいに流れるように、冷却コイルが縦や斜めに配置されています。暖房だけのコンベクタには、ドレイン管は不要です。

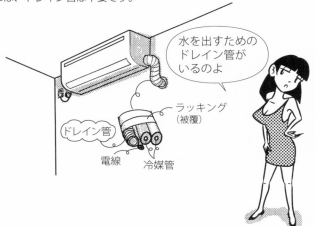

水を出すための
ドレイン管が
いるのよ

ラッキング
（被覆）

ドレイン管

電線　　冷媒管

Q マルチ型エアコン（マルチエアコン）とは？

A 1台の室外機で複数の室内機を動かすエアコンです。

マルチ（multi）とは、多数のという意味の接頭語です。何が多数かというと、室内機です。マルチ型エアコン（マルチエアコン）では、室外機は1台、室内機は多数となります。2台、3台の室内機を、1台の室外機でまかないます。オフィスビルや店舗などの大きな部屋にいくつも室内機を取り付けて1台の室外機で動かす場合も、マルチ型エアコンとなります。

室外機の置き場が狭いときに有効です。6畳程度の小さな部屋のルームエアコンでも、室外機は意外と大きなものとなります。いくつもの部屋に室内機を設置する場合、室外機を1台にしてしまえば、置き場が節約できます。室外機の置き場はベランダや建物と塀の隙間などの狭い空間が多いので、置き場がないときはマルチを検討します。

個別とマルチ、どちらが消費電力が少なくてすむかは、ケースバイケースで、一概にどちらがいいとはいえません。ただ住宅で複数の6畳程度の部屋に取り付ける場合は、値段、メンテナンス、交換時のコスト、消費電力などは、個別の方が有利になる傾向にあります。

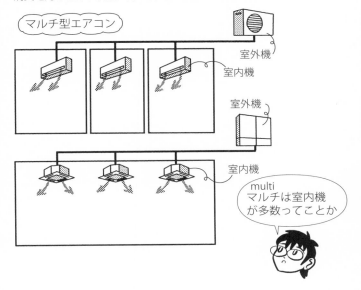

マルチ型エアコン

室外機

室内機

室外機

室内機

multi
マルチは室内機
が多数ってことか

7
空調設備

Q パッケージ型エアコンとは？

A 冷凍機を組み込んだ大型のエアコンです。

 パッケージ型エアコンとは、小型のエアハンドリングユニットと小型の冷凍機の両方をまとめてひとつの箱（ケーシング）に入れた（パッケージした）エアコンです。

オフィスビル、店舗、工場などの大空間で使われます。下図のような床置き式のほかに、天井組込み式、天井吊り式などがあります。

冷凍機から出る熱を冷やす方法として、水で冷やす水冷式、空気で冷やす空冷式、ヒートポンプで冷やすヒートポンプ式があります。

暖房時にはヒーターかヒートポンプを使います。冷暖房の両方をヒートポンプで行う場合は、マルチ型エアコンなどとほとんど変わらなくなります。

冷暖房能力および機器の大きさは、大ざっぱには、

　　エアハンドリングユニット ＞ パッケージ型エアコン ＞ マルチ型
　　エアコン ＞ ルームエアコン

となります。

パッケージ型エアコン

でかい
わね

Q レシプロ式冷凍機、ターボ式冷凍機の違いは？

A 下図のように、冷媒の圧縮の仕方が違います。

冷凍機の冷やす原理は、ヒートポンプの原理と同じです。<u>圧縮された冷媒が凝縮するときに熱を出す、膨張した冷媒が蒸発するときに熱を吸収する</u>ことを利用します。圧縮のときにエネルギーを加える必要があります。その圧縮の仕方で、いろいろな冷凍機が開発されています。

<u>レシプロ式冷凍機</u>は、往復動冷凍機ともいいます。レシプロ（reciprocating）とは、ピストンが往復する往復機関のことです。ピストンの往復運動で、冷媒ガスを圧縮します。

<u>ターボ式冷凍機</u>は、遠心冷凍機ともいいます。ターボ（turbo）とは、タービン（turbine：羽根車）で動く機関のことです。羽根車を回転させることにより、中心から入れた冷媒ガスを外側へ押しやって圧縮します。

このほかにも、スクリューを利用した<u>スクリュー冷凍機</u>、渦巻きを二重にして一方を回転させることにより圧縮する<u>スクロール冷凍機</u>などがあります。

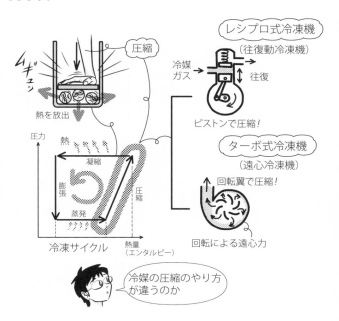

7
空調設備

Q 吸収式冷凍機とは？

A 機械的な圧縮をせずに、冷媒を溶液に吸収させることによって、冷凍サイクルを循環させる冷凍機です。

冷媒が蒸発するときに熱を奪い、凝縮するとき（液体になるとき）に熱を放出する冷凍サイクルを使うのは、レシプロ式などの圧縮式冷凍機と同様です。そのサイクルの回し方で、機械で圧縮するか液体に吸収させるかが違うわけです。

吸収式冷凍機では、容器を大きく2つに分けます。真空に近い低圧の容器と高圧の容器です。高圧の容器に冷媒を移す際に、機械の圧縮を使わずに溶液に溶かして運ぶ方法を取ります。

真空に近い容器に冷媒（水など）を入れると、すぐに蒸発します。蒸発する際に熱を奪います。

冷媒の蒸発が続くと気圧（蒸気圧）が高くなり、蒸発が止まってしまいます。そのため、蒸気を低圧の容器から取り出す必要が生じてきます。蒸気は吸収液（臭化リチウム：LiBrなど）に吸収させて取り出します。

蒸気を吸収した吸収液は、気圧の高い容器へと運ばれて、そこで蒸気を出します。吸収液に熱を加えると蒸気を出す性質を使います。高圧下では、冷媒の蒸気はすぐに液体になります（凝縮）。液体になる際に、熱を放出します。液体になった冷媒は真空の容器へと戻されます。

機械で圧縮する圧縮式冷凍機に比べて、溶液に吸収して高圧容器へと運ぶ吸収式冷凍機は、振動や騒音が少ない、水が冷媒として使えるなどのメリットがあります。

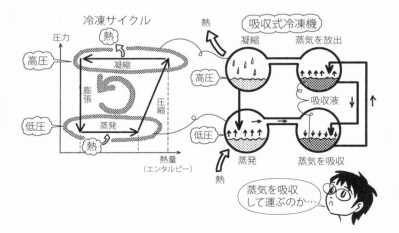

Q 冷却塔（クーリングタワー）とは？

A 下図のような、冷凍機で生じた熱を逃がすための機械です。

冷凍サイクルで、冷媒ガスの圧力を上げて凝縮させて液体にする際に、冷媒は熱を外に出します。その熱をどこかに逃がさなければなりません。そのために屋上などに冷却塔を置きます。冷たく（クールに）するタワー（塔）なので、クーリングタワーともいいます。

　冷凍機から出た熱は水に移されて、温水となります。それを冷却塔に運んで冷やして冷水にして、また冷凍機に戻します。

　温水は冷却塔の中で、一部が蒸発して熱を出して冷えます。蒸発による気化熱で冷えるわけです。蒸発を促進するために、水滴にして表面積の大きな部材に流して、送風機によって送り込まれた空気と接触させます。

　この場合、冷却用の水（冷却水）と空気は直接接するので、開放式といいます。水が空気に開放されているという意味です。

　冷却水が汚れるのを嫌う場合は、熱交換器のコイルの中を通します。そのコイルの外側に空気や別の水を当てて、間接的に冷却水を冷やします。水が外に対して閉じているので密閉式といいます。

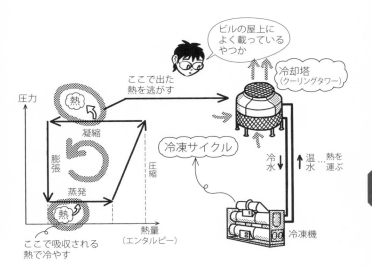

7

空調設備

Q 1冷凍トンとは？

A 0℃の水1tを、24時間かけて0℃の氷1tにする冷凍能力です。

冷凍機の能力は、冷凍トンで表します。100冷凍トンは、1日かけて100t の水を100tの氷にする冷凍能力です。

日本とアメリカで量り方が違うので、日本冷凍トンということもあります。アメリカ冷凍トンは、1日かけて2000ポンドの水を氷にする能力をいいます。10%弱、アメリカ冷凍トンの方が少なくなります。

日本冷凍トンはJRT、アメリカ冷凍トンはUSRTと略されます。Refrigeration Tonの略でRTですが、「冷」→R、「凍」→Tと略して覚えておきましょう。Refrigerateは冷凍する、Refrigerationは冷凍という意味です。

1tの水を氷にするには、333.6MJ（メガジュール、M（メガ）は10^6倍）の熱を水から奪う必要があります（凝固熱）。それを24時間＝24×60分×60秒＝86400秒で行うのが1冷凍トンです。

$$333.6MJ/86400s=0.00386MJ/s=3.86kJ/s=3.86kW （J/s=W）$$

1冷凍トンは約3.86kW（キロワット）となります。

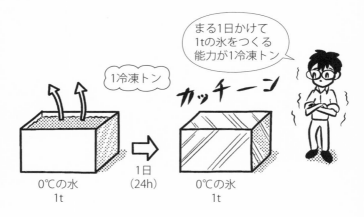

まる1日かけて
1tの氷をつくる
能力が1冷凍トン

1冷凍トン

カッチーン

0℃の水
1t

1日
（24h）

0℃の氷
1t

Q 炉筒煙管（ろとうえんかん）ボイラとは？

A 下図のように、バーナを燃焼させる筒（炉筒）と高温空気を通す多くの管（煙管）によって水を沸騰させるボイラです。

水を沸騰（ボイル）させて蒸気や熱湯をつくるのがボイラ（boiler）です。さまざまなタイプのボイラがありますが、ビル用としては炉筒煙管ボイラがよく使われます。

ガス、灯油、重油などをバーナで燃焼させて、炉筒と呼ばれる燃焼室の空気を熱します。炉筒には煙管という管がたくさん付けられていて、高温の空気や煙がそこを通ります。煙は最終的には煙突から外へと放出されます。

炉筒、煙管は、水と接触する面積を大きくして、熱が伝わりやすいように工夫されています。ボイラでつくられた熱い蒸気は水を温水に変えて（熱交換）、その温水が空調機へと運ばれていきます。蒸気を直接空調機に運ぶ場合もあります。

ボイラは高温、高圧の容器となるので、非常に危険です。運転、管理には資格者が当たらなければなりません。そのため、無資格者でも扱えるように、高圧にならないよう工夫されたボイラもあります。

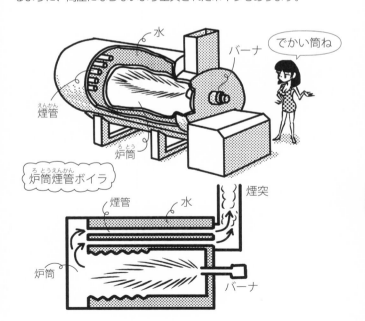

でかい筒ね

炉筒煙管ボイラ

7

空調設備

Q 鋳鉄（ちゅうてつ）製セクショナルボイラとは？

A 下図のような、鋳鉄製の箱を組み合わせてつくるボイラです。

鋳鉄とは、鉄を溶かして型に流して固めてつくる鋳物（いもの）製品のことを指します。この場合は、中が空洞の箱形の鋳物です。セクション（section）とは、建築では断面図という意味でよく使われますが、ここでは断片、部品という意味です。鋳鉄製セクショナルボイラは、鋳鉄製の箱形の断片を重ねて、大きなボイラをつくります。

　箱の中は空洞になっていて、そこに水を満たします。バーナを入れる穴、燃焼室、水を通す連結口、蒸気を通す連結口などがあけられていて、重ねながら組み立てていきます。

　セクションに分解して運べるので、搬入が楽です。セクションの数を増減させることによって、ボイラの大きさ、能力を増減することもできます。

　設備室への搬入経路は、設計段階から検討しておく必要があります。大きな機材を地下室に運ぶため、ドライエリア（空堀、大きな穴）を建物側面につくることもあります。大型の鉄扉を開けて、クレーンで下ろして中に搬入します。セクショナルボイラのように分解、組立てができると、屋内階段で運べる可能性も出てきます。

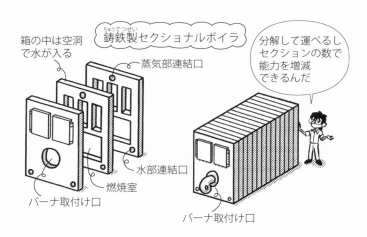

箱の中は空洞
で水が入る

鋳鉄製（ちゅうてつせい）セクショナルボイラ

分解して運べるし
セクションの数で
能力を増減
できるんだ

蒸気部連結口

水部連結口

燃焼室

バーナ取付け口

バーナ取付け口

Q 水管ボイラとは？

A 下図のように、水の管を燃焼室に回して蒸気をつくる方式のボイラです。

炉筒煙管ボイラは、多くの煙管を水槽にめぐらしますが、<u>水管ボイラ</u>は、多くの水管を燃焼室にめぐらします。

　　　炉筒煙管ボイラ　→　多くの煙管を水槽に入れる
　　　水管ボイラ　　　→　多くの水管を燃焼室に入れる

　下図のボイラは、水管を直線状に入れた<u>直管式水管ボイラ</u>と呼ばれるものです。1912（大正元）年に日本の田熊常吉が発明したもので、<u>タクマ式汽罐</u>（汽罐＝ボイラ）として世界中に知られました。
　内側の水管内の水は熱せられて上昇し、外側の水管内の水は冷えて下降して、水はポンプを使わずに自然循環します。円筒が垂直に立てられているので、<u>立て水管ボイラ</u>とも呼ばれます。ドラムを立てるので、場所を取らないというメリットもあります。
　水ドラムと蒸気ドラムを分けた水管ボイラ、水管を曲げた<u>曲管式水管ボイラ</u>など、多くの水管ボイラが開発されています。

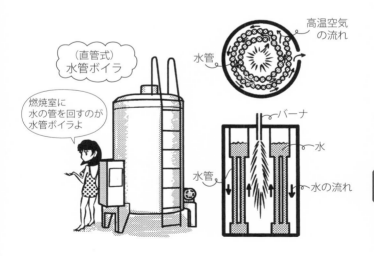

7

空調設備

Q 直焚き（じかだき）吸収式冷温水機とは？

A 下図のような、吸収式冷凍機とボイラを一体化した冷温水機です。

吸収式冷凍機では、吸収液から蒸気を取り出すときに加熱します。そこで発生した蒸気を、さらに別の蒸気を取り出す際の熱としても利用します。二重に蒸気を使うので、二重効用吸収式冷凍機などと呼ばれています。

　　二重効用吸収式冷凍機で吸収液を加熱するのに、直に火を焚いて加熱するのが直焚き吸収式冷温水機です。熱を逃がさないように、何重にも効率化を図っています。

　　建築の側、機械を外側から見る者にとっては、「吸収式冷凍機＋ボイラ」となります。冷温水を1台で供給できるわけですから、設置スペースも小さくてすみます。

　　熱を逃がすために冷却塔、煙を逃がすために煙突が必要なのは、冷凍機やボイラと同じです。

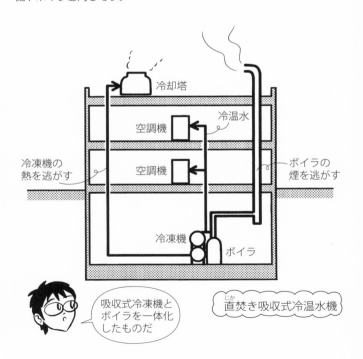

冷却塔

空調機　　冷温水

冷凍機の熱を逃がす　　空調機　　　　ボイラの煙を逃がす

冷凍機　　ボイラ

吸収式冷凍機とボイラを一体化したものだ

直焚き（じか）吸収式冷温水機

Q 全熱交換機とは？

A 換気による熱の無駄遣いを防ぐため、熱や水蒸気を排気と外気との間で交換する熱交換機のことです。

給気と還気を繰り返していると、空気がどんどん汚れてきます。そこで、還気の一部を排気して、その分の外気を取り込みます。

暖房の場合はその段階で熱が一部逃げてしまい、冷房の場合は逆に熱が入ってきてしまいます。そのため、排気と外気の間で熱交換をします。暖房で暖められた排気の熱と水蒸気を回収し、給気へと送ります。

なぜ全熱交換機というかというと、顕熱（けんねつ）と潜熱（せんねつ）の両方を交換するからです。100%すべての熱を交換するというのではありません。熱交換の効率は70%前後です。

水が水蒸気になる場合、温度変化がなくても蒸発するために熱が必要となります。この温度変化を伴わない物質の状態変化に必要な熱を潜熱といい、温度計に直接現れる熱を顕熱といいます。水分子が飛び回るエネルギーが潜熱です。水蒸気が多い方が、潜熱が多いということです。全熱交換機では、特殊な紙を使って、排気と外気の間で熱と水蒸気のやり取りをします。

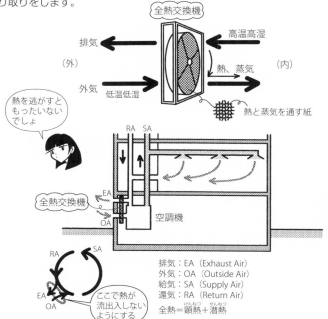

全熱交換機

排気 ← （外）
高温高湿
（内）

外気　低温低湿
熱、蒸気
熱と蒸気を通す紙

熱を逃がすともったいないでしょ

RA　SA

全熱交換機
EA
OA
空調機

RA　SA

EA
OA

ここで熱が流出入しないようにする

排気：EA（Exhaust Air）
外気：OA（Outside Air）
給気：SA（Supply Air）
還気：RA（Return Air）
全熱＝顕熱＋潜熱

7
空調設備

Q 蓄熱槽（ちくねつそう）とは？

A 下図のような、熱を蓄えるために、水をためておく水槽のことです。

水と比較して、同じ質量の温度を1℃上げるのにどれくらい熱量が必要か、その比を表したものを、比熱といいます。比熱は水を1とすると、コンクリート、レンガが0.2、鉄が0.1程度です。水を温めるために必要な熱量がいかに多いかがわかります。比重と同じで水と比べた単位です。その比熱の比はそのままcal/g·℃に置き換えられますが、J/kg·KとJ（ジュール）を使う場合は違う値となります。

熱容量とは比熱×質量で、熱をどれくらい蓄えられるか、その容量を表しています。熱の入れ物としての大きさです。

熱容量が大きいと、いったん温めると冷めにくい半面、温めるのに熱量がかかります。同じ体積で比較すると、熱容量はコンクリートは水の約半分、空気は水の約1/3400となります。

空調機から熱を運ぶ場合、空気で運ぶのと水で運ぶのとでは、水の方が1/3400のスペースで足ります。水が冷媒として優れている理由がそこにあります。ボイラや冷凍機から冷温水を運んで空気を暖めるのも、水の熱容量の方が大きいからです。

蓄熱槽は、床下の二重スラブ内につくるのが普通で、熱が逃げないように、断熱材でくるんでおきます。温水、冷水の槽を別々につくる場合、ひとつの槽を切り替えて使う場合、温水の槽だけつくる場合があります。

蓄熱槽を使うと、負荷の小さいときに余分な熱をプールしておくことができます。また、ピーク時に蓄熱槽の熱を使うことによって、機器の能力を小さめにしておくことができます。

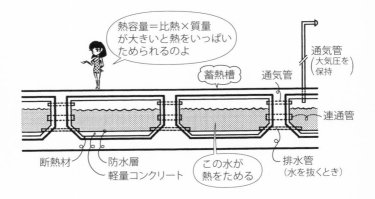

熱容量＝比熱×質量
が大きいと熱をいっぱい
ためられるのよ

通気管（大気圧を保持）

蓄熱槽　　通気管

連通管

断熱材　　防水層
軽量コンクリート

この水が
熱をためる

排水管
（水を抜くとき）

Q コージェネレーションとは？

A 発電システムの排熱を使って冷暖房、給湯を行う方式です。

 coはともに、generationは発生、生成、という意味です。co-generationは、ともに生成するシステムが直訳です。コージェネレーションは、ガスや石油などから、電気や熱などの複数のエネルギーを生成するシステムです。

　車はエンジンを回して動力にすると同時に、発電機を回して電気を取り出し、エアコンを運転して車内を冷やします。石油というひとつのエネルギー源から複数のエネルギーを同時に生成しているので、コージェネレーションの一種といえます。

　下図では、ガスでガスエンジンを回し、なおかつ発電機を回して電気を取り出し、ガスエンジンの排熱で給湯しています。大型のビルでよく使われる方法ですが、家庭用のシステムも開発されています。

　エネルギー保存則から、複数のエネルギーを取り出したからといってエネルギーが増えることはありません。しかし、今まで捨てていた熱を有効に使う、うまくエネルギー配分をして効率を上げるなどの利点があります。

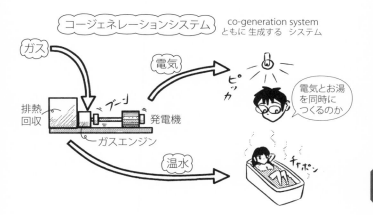

コージェネレーションシステム　co-generation system
ともに 生成する システム

電気と お湯を同時につくるのか

7

空調設備

Q 空気線図とは？

A 横軸を温度、縦軸を水蒸気量とした、空気の状態を表すグラフです。

空気の状態を表す空気線図は、湿り空気線図ともいいます。空気線図のグラフでは、縦軸は右側に描くのが普通です。グラフが右寄りなので縦軸を右に書いた方が読みやすいからです。

横軸の温度は、正確には乾球温度といいます。温度計の感温部が乾いているのが乾球、ガーゼで湿らせてあるのが湿球です。空気線図には、湿球温度の目盛りも引かれていて、右下がりの平行線でたどれます。

縦軸の水蒸気量は、正確には絶対湿度です。1kgの乾いた空気に含まれる水蒸気のkg数です。kg/kg'のkg'は、空気1kgを指します。ダッシュが付くのは、水蒸気と区別するためです。

温度と水蒸気量が決まれば、空気線図上で1点が決まります。その点を状態点といいます。空気の状態を表す点です。

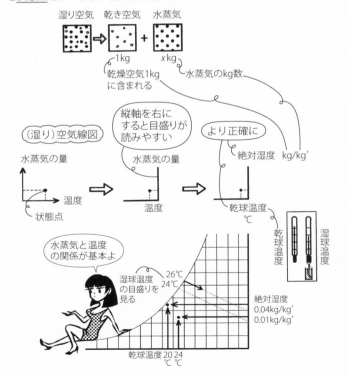

Q 空気線図中の相対湿度とは？

A 飽和水蒸気量に対する水蒸気量の割合です。

空気線図中に描かれた右肩上がりの多くの曲線が、相対湿度を表すグラフです。相対湿度100%のグラフは飽和状態を示していて、それ以上の水蒸気は空気の中に入りません。

　温度が高いほど、目いっぱいの水蒸気の量＝飽和水蒸気量は増えるわけです。飽和状態の空気をさらに加湿したり冷却したりすると、水蒸気が空気中に入りきらずに外に出てきます。それが結露です。

　縦軸の絶対湿度とは、水蒸気の質量そのもので、相対湿度とは飽和水蒸気量に対する今の水蒸気量の割合です。相対とは、飽和水蒸気量に対してのものなので、飽和水蒸気量が変われば変わります。

　たとえていうと、「100万円のダイヤ」が絶対的、「給料の3カ月分のダイヤ」が相対的です。給料が変わると3カ月分の金額も変わりますが、100万円は変わりようがありません。

　飽和水蒸気量の半分だけ水蒸気が入った状態は、相対湿度は50%となります。飽和水蒸気量の1/5の量では、相対湿度は20%となります。一般に湿度とは、相対湿度の方を指します。

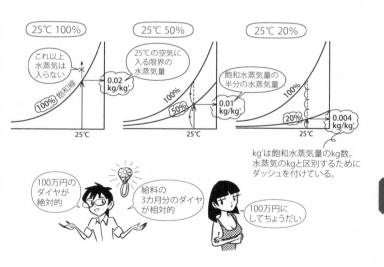

kg'は飽和水蒸気量のkg数。
水蒸気のkgと区別するために
ダッシュを付けている。

7

空調設備

Q 空気線図中の（比）エンタルピー、比体積とは？

A 乾き空気1kg当たりに内在するエネルギー、乾き空気1kg当たりの湿り空気の体積です。

エンタルピーは空気内部のエネルギー、熱量を表し、単位はJ（ジュール）を使います。グラフの**kJ/kg'**の**kg'**は乾き空気1kg当たりを意味します。

　空気の温度を上げるため、水蒸気を混ぜるためには、エネルギー（熱）が必要で、空気内部にはそのエネルギーが蓄えられています。温度が高いほど、水蒸気量が多いほど、内部エネルギー＝エンタルピーが高い状態となります。

　エンタルピーは、空気線図では斜めに描かれた平行線をたどって、左上の目盛りを読む仕組みです。空気線図のエンタルピーは、0℃、湿度0%の状態でゼロとしています。0℃、0%でエネルギーを持たないということではなく、その状態を基準点にしているわけです。標高を表すのに、海水面をゼロとしているのと同じです。相対的指標という意味で、比エンタルピーと呼ぶこともあります。

　下図のA点における1kg当たりの空気の内部エネルギーは40kJ、B点は60kJ、その差が20kJとなります。A点からB点に状態を移すには、最低でも20kJのエネルギー（＝熱量）が必要となります。

　比体積とは体積／質量で、乾き空気1kgにおける湿り空気のm³数です。右肩下がりのグラフから読み取ります。C点での空気は、1kgでは0.83m³の体積となります。

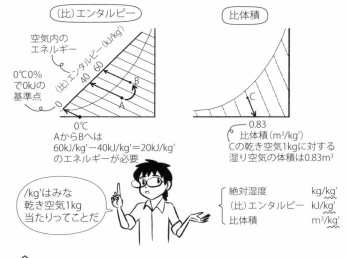

（比）エンタルピー

空気内の
エネルギー

（比）エンタルピー（kJ/kg'）
40　60

0℃0%
で0kJの
基準点

0℃

AからBへは
60kJ/kg'ー40kJ/kg'＝20kJ/kg'
のエネルギーが必要

比体積

0.83
比体積（m³/kg'）
Cの乾き空気1kgに対する
湿り空気の体積は0.83m³

/kg'はみな
乾き空気1kg
当たりってことだ

絶対湿度　　　　　kg/kg'
（比）エンタルピー　kJ/kg'
比体積　　　　　　m³/kg'

Q 下の上図にあるように、Aの空気90m³とBの空気30m³を混ぜた場合、空気線図上の状態点の位置は？

A A点とB点を1：3に内分した点です。

空気を混ぜる場合は、温度、水蒸気量はともに、体積に依存します。体積が3倍になれば、3倍の水蒸気が入ります。状態点が違う空気どうしを混ぜる場合は、その体積によって影響度が決まってきます。3倍多ければ3倍の影響力があるわけです。

　AとBの体積比は、Aは3、Bは1なので、混ざった空気は3＋1＝4。左下の空気線図のABを4等分して、Aから1、Bから3のCが、混ざった空気の状態点です。体積が3：1なので、逆に1：3に内分します。体積の大きいAの方へと近づくわけです。

　室内を冷房することを考えてみます。戻ってくる還気Aを1分当たり90m³、新鮮な外気Bを1分当たり30m²取り入れたとすると、混合空気はCとなります。混合空気を冷却、除湿したのがDで、送風空気となります。それが室内で温度、湿度が上げられてから戻ってきて、還気Aとなります。

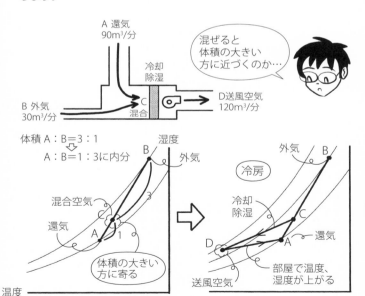

7

空調設備

Q 絶縁電線とケーブルの違いは？

A 絶縁電線は導体を絶縁したもの、ケーブルはその電線を複数組み合わせて外装したものです。

電線とは、正確には電気を通す導体（芯）そのもの、裸の線です。絶縁電線は、その導体のまわりを被覆して絶縁した線、絶縁された1本ずつの線を指します。その絶縁電線を2本、3本、4本と組み合わせて、さらにその外側を覆った線をケーブルといいます。

（裸）電線 → 絶縁電線 → ケーブル

ビニルで絶縁された電線を離した状態で2本引きし、がいし（碍子：電線と建物を絶縁するための陶器）を使って屋内配線する方法が昔よく行われていました。絶縁電線をそのまま天井に載せると危険だからです。今ではケーブル1本を天井に這わせ金具で留めるだけなので、工事はだいぶ楽になりました。

金具には、絶縁ステップルをよく使います。ステップル（ステイプル：staple）とは、ホチキスの針などのU字形の金物を指します。絶縁やクッションの役割をはたす樹脂が付けられているのが絶縁ステップルです。

電線、ケーブルのほかに、さらに細かくはコードという分類もあります。細い軟銅線を多数より合わせて絶縁したものです。テレビ、ラジオ、洗濯機などの機器に使うコード、電熱器用のコードなどがあります。

電線、ケーブル、コードの規格は多数ありますが、屋内固定配線に使われるのは、VVFケーブル（Fケーブル）がほとんどです。とりあえず、VVFケーブル（R243参照）、VVRケーブル（R244参照）、CVケーブル（R245参照）は覚えておきましょう。

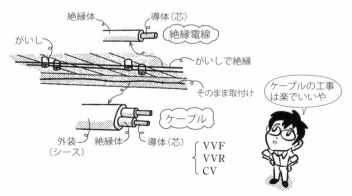

Q IVとは？

A ビニル絶縁電線のことです。

IVはIndoor polyVinyl chloride insulated wireの略で、直訳すると室内用ポリ塩化ビニル絶縁電線となります。chlorideは塩化、insulateは絶縁するという意味です。最初のIがインドアのI、次のVがビニルのVです。ポリ塩化ビニルを表すVはケーブル名でよく出てくるので、ここで覚えておきましょう。

600Vビニル絶縁電線とも呼ばれます。最大電圧が600Vということです。交流では600V以下は低圧、600Vを超え7000V以下は高圧、7000Vを超えるのは特別高圧といいます。屋内配線は600V以下の、低圧用の電線やケーブルで行われます。

ビニル絶縁電線は、銅でできた芯＝導体のまわりを塩化ビニルで覆ったものです。電気を通さない物質で導体のまわりを覆うことを、絶縁する（insulate）といいます。ビニルで導体を覆った電線なので、ゴムで覆ったゴム絶縁電線に比べて、耐水性、耐油性に優れています。

IVのうち、熱に強いビニル絶縁電線がHIVで、耐熱ビニル絶縁電線（2種ビニル絶縁電線）のことです。HIVのHは、Heat resistant（耐熱）の略です。

8

電気設備

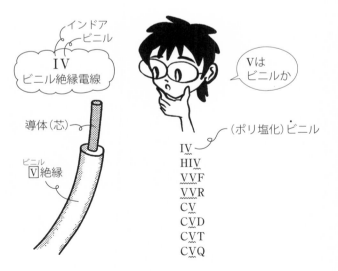

Q VVFケーブルとは？

A ビニル絶縁ビニル外装平形ケーブルのことです。

VVFのうち、最初のVがビニル絶縁のビニル（vinyl）、2番目のVがビニル外装のビニルを指しています。絶縁とは電気的にほかから縁を切って、電気が漏れないように芯のまわりを絶縁材（この場合はビニル樹脂）で覆うことをいいます。

外装とは、一番外側を覆うことです。外装ケーブルのことをシースケーブルともいいます。シース（sheath）とは、刀の鞘（さや）などの、長いものを覆うもののことです。

VVFのうち、Fは、フラット（flat）の頭文字で、平坦な、扁平なという意味です。このケーブルは、円形断面ではなくて、平たい楕円のような断面をしています。ビニル絶縁ビニル外装フラットケーブル、略してフラットケーブルということもあります。VVFケーブルは、略してFケーブルと呼ばれることもあります。照明やコンセントの配線などの、低圧の屋内配線で多用される電線です。

線が2本の2芯、線が3本の3芯などがあります。絶縁部分の色が白は接地線（0V）、ほかは黒、赤となります。芯はコア（core）なので、2芯は2C、3芯は3Cと記すことがあります。直径1.6mmの2芯のVVFケーブルは、VVF1.6×2C、VVF2×1.6、VVF2C×1.6×100m（長さ）と書いたりします。

600V VVFケーブルとは、600Vの電圧まで耐えられることを意味しています。

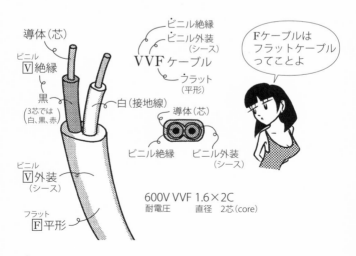

導体（芯）
ビニル Ⅴ 絶縁
黒（3芯では白、黒、赤）
白（接地線）
ビニル Ⅴ 外装（シース）
フラット Ｆ 平形

ビニル絶縁
ビニル外装（シース）
VVFケーブル
フラット（平形）
導体（芯）
ビニル絶縁　ビニル外装（シース）

Fケーブルはフラットケーブルってことよ

600V VVF 1.6×2C
耐電圧　　直径　2芯(core)

Q VVRケーブルとは？

A ビニル絶縁ビニル外装丸形ケーブルのことです。

VVFと同様に、VVRの最初のVがビニル絶縁のビニル（vinyl）、2番目のVがビニル外装のビニルを指します。

Rは、ラウンド（round）のRで、丸形という意味です。円形断面のため、外装部分と絶縁部分の間に、紙などの介在物が必要となります。

VVFケーブルは屋内配線一般に使われますが、VVRケーブルは引込み用ケーブルや太い線の必要な所などに使われます。VVFよりも太いサイズが生産されています。

VVFケーブルの方が介在物の紙が使用されていない分、曲げるのは楽です。VVRケーブルは円形断面なので、同じ直径の芯の場合、VVFケーブルよりもゴツく感じます。

8
電気設備

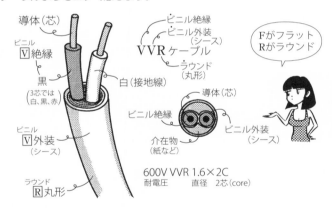

導体（芯）

ビニル絶縁
ビニル外装（シース）

VVRケーブル

ビニル V 絶縁

ラウンド（丸形）

黒
白（接地線）
（3芯では白、黒、赤）

F がフラット
R がラウンド

ビニル V 外装（シース）

導体（芯）
ビニル絶縁
ビニル外装（シース）
介在物（紙など）

ラウンド R 丸形

600V VVR 1.6×2C
耐電圧　直径　2芯（core）

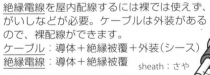

絶縁電線を屋内配線するには裸では使えず、がいしなどが必要。ケーブルは外装があるので、裸配線ができます。

ケーブル：導体＋絶縁被覆＋外装（シース）
絶縁電線：導体＋絶縁被覆　　　sheath：さや

外装（シース）
絶縁被覆
導体
ケーブル
絶縁電線

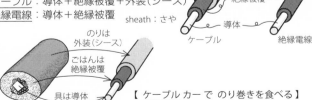

のりは外装（シース）
ごはんは絶縁被覆
具は導体

【 ケーブル カー で のり巻きを食べる 】

【　】内スーパー記憶術

Q CVケーブルとは？

A 架橋ポリエチレン絶縁ビニル外装ケーブルのことです。

架橋ポリエチレン（crosslinked polyethylene）は、エチレンの分子どうしの所々を結合させて、立体の網目構造にした樹脂のことです。耐熱性、耐候性が高く、水道管、ガス管などにも使われています。

　CVケーブルは耐候性が高いため、屋外露出配線が可能で、高圧引込み線などに使われます。屋内でも高圧用に使われるため、外装が厚くされています。

　導体（芯）は、円形断面を組み合わせたもののほか、円形断面でないこともあるので、規格ではmm²で表しています。

　CV5.5sq×3Cのsqとは、square mm（スクエアミリメートル）の略です。スクエアとは正方形ですが、面積の平方という意味もあります。1mm×1mmの正方形だから1mm²です。

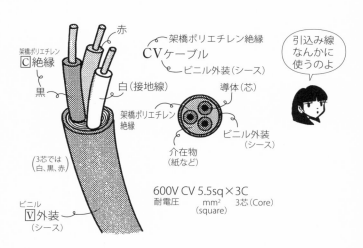

Q CVDケーブルとは？

▼

A 下図のように、CVケーブルを2本組み合わせた、デュープレックス形架橋ポリエチレン絶縁ビニル外装ケーブルです。

CVDケーブルはCV2芯ケーブルと似ていますが、外装がそれぞれ別々に施されている点が異なります。CV2芯の場合は絶縁された2本の線の外側に、まとめてひとつの外装が施されています。一方、CVDはそれぞれに外装された線が組み合わされています。

CVDケーブルは、CVケーブルと同様、耐熱性、耐候性が高く、許容電流の大きさ、端末作業の容易さの点で優れています。

Dはduplexの略で、二重の、という意味です。T（triplex：三重の）が付くと3本、Q（quadruple：四重の）が付くと4本の組合せのCVケーブルとなります。

CVD → 2本
CVT → 3本
CVQ → 4本

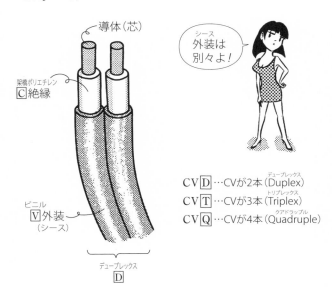

シース
外装は
別々よ！

導体（芯）

架橋ポリエチレン
C 絶縁

ビニル
V 外装
（シース）

デュープレックス
D

CV D …CVが2本（Duplex デュープレックス）
CV T …CVが3本（Triplex トリプレックス）
CV Q …CVが4本（Quadruple クアドラップル）

8

電気設備

Q 同軸ケーブルとは？

A 下図のような、内部の導体のまわりに網状の導体を巻いた通信用のケーブルです。

同じ軸（中心）に同心円状に導体を巻くので、同軸ケーブルと呼ばれます。網状にすると、電磁波を遮ることができます。主に**TV**ケーブルとして使われます。
　TV用の同軸ケーブル端子、**LAN**ケーブル端子を組み込んだコンセントは、マルチメディアコンセントといいます。複数（**multi**）の情報源（**media**）を組み込んだコンセントです。

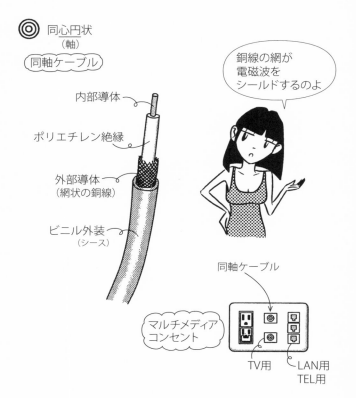

◎ 同心円状
　　（軸）

同軸ケーブル

内部導体

ポリエチレン絶縁

外部導体
（網状の銅線）

ビニル外装
（シース）

銅線の網が
電磁波を
シールドするのよ

同軸ケーブル

マルチメディア
コンセント

TV用　　LAN用
　　　　TEL用

Q 鋼製電線管とは？

A 下図のような、電線やケーブルを保護するための鋼管です。

金属管とも呼ばれます。鋼製電線管には、厚鋼（あつこう）電線管、薄鋼（うすこう）電線管、ねじなし電線管があります。文字どおり、パイプの肉厚が厚い管、薄い管、ねじ山がない管です。

　厚鋼電線管は**G**管、薄鋼電線管は**C**管、ねじなし電線管は**E**管とも呼ばれます。

　継手（カップリング）やボックスへは、先端に彫られたねじ山で留めます。ねじなし電線管の場合は、下図のようにコネクタ上部のねじを使ってコネクタを電線管に留めます。コネクタの先には、ねじ山が彫られていて、それを使ってボックスなどに接続します。コネクタを使うことで、接続が容易になります。

　電線管の中に電線やケーブルを入れると、傷付きにくく、傷みにくく、さらに絶縁性もよくなります。切られるなどのいたずらを防ぐ効果もあります。屋外、屋内ともに利用されます。

8
電気設備

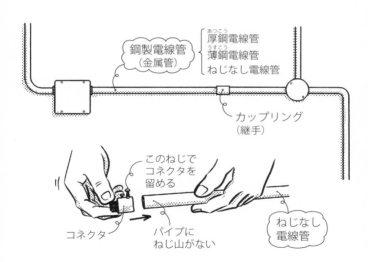

Q 硬質塩化ビニル電線管とは？

A 下図のような、電線、ケーブルを保護するための硬質の塩化ビニル管です。

硬質塩化ビニル電線管は、VE管ともいいます。Vinyl Electricityからの略語です。給水などに使うVP管、VU管とは規格が違い、耐燃性があります。耐衝撃性の高いVE管は、HIVE管といいます。HIはHigh Impactの略です。

　　水　→　VP管、VU管
　　電気 →　VE管、HIVE管

　なぜ硬質かというと、グネグネと曲がる（可とう性のある）合成樹脂管と区別するためです。
　塩化ビニル樹脂は、電気を通さない（絶縁性が高い）ため、鋼製電線管よりも電気的には安全です。鋼製電線管の場合は、漏れた電気を地面に逃がすため、接地工事（アース工事）が必要ですが、ビニル管では省略できることがあります。

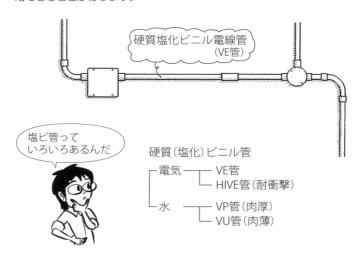

塩ビ管っていろいろあるんだ

硬質（塩化）ビニル管
┬ 電気 ─┬ VE管
│　　　└ HIVE管（耐衝撃）
└ 水 ──┬ VP管（肉厚）
　　　　└ VU管（肉薄）

Q CD管とは？

A コンクリート埋設用合成樹脂可とう電線管です。

可とうとは、柔軟に曲がるということで、表面に凹凸があり、簡単にへこまない工夫がされています。中に絶縁電線やケーブルを通します。

コンクリートに直接ケーブルを埋め込むと、砂利などによってケーブルが傷付いてしまいます。交換も容易ではありません。そのため、チューブを先に埋め込んでおいて、後から線を通す方法が取られています。

合成樹脂可とう電線管の中でCD管は、主にコンクリート埋設用につくられたものです。CDとはCombined Ductの略で、直訳すると複合された導管です。コンクリートの中に入ってしまうので、耐燃性の低い合成樹脂です。CD管をコンクリート表面に近い所に埋め込むと、コンクリートにひび割れが発生しやすくなります。鉄筋の内側の表面から遠い所に埋め込みます。CD管の中にケーブルを通すには、先に鉄線を通し、それにケーブルを結び付けるなどして導きます。先にチューブの中に入れる線を、呼び線といいます。ケーブルを呼び込む線という意味です。

CD管は、ほかの可とう電線管と区別するために、オレンジ色とされています。オレンジ色のチューブを露出したままにしておくと非常に目立つので、間違いを防ぐことができます。

コンセントやスイッチの位置では、アウトレットボックス（外に出すためのボックス）を付けます。コンクリート埋込み用のアウトレットボックスは、コンクリートボックスとも呼ばれます。天井では、斜めにケーブルを出しやすくしたエンドカバーなども使われます。

8
電気設備

アウトレットボックス
（コンクリートボックス）

鉄筋

管の中に
ケーブルを
通すのよ

ケーブル

CD管

ケーブル →

ケーブルを直接
コンクリートに埋め
ると、傷付いたり、
切れたり、交換
できなかったり…

ケーブル エンドカバー

オレンジ色

Q PF管とは？

▼

A 露出可能な合成樹脂製可とう電線管です。

CD管は耐燃性が低く、コンクリート埋込み用などに使われます。一方、PF管は耐燃性が高く、露出して使うことも、コンクリートに埋め込んで使うこともできます。

CD管（オレンジ）→ 燃えやすい → コンクリート埋込み用、露出は不可
PF管（白）　　 → 燃えにくい → コンクリート埋込みも露出も可能

CD管はオレンジ色ですが、PF管は白やグレーが普通です。PF管のPFはPlastic Flexible conduitの略で、直訳すると「樹脂製の柔軟な管」となります。conduitは導管という意味です。CD管、PF管はそのまま覚えてしまった方がいいでしょう。

CD管とPF管があるのよ

合成樹脂製可とう電線管

	耐燃性	露出	RC埋込み
CD管	×	×	○
PF管	○	○	○

Q 線ぴとは？

A ケーブルや電線を隠して見た目をすっきりさせるため、保護するためのカバーのことです。

線ぴはモール、ケースウェイとも呼ばれます。モールは、帯状（線状）の装飾＝モールディング（**moulding**）からきていて、ケースウェイ（**caseway**）はケーシング（囲って箱に入れる）する道（**way**）からきています。

線ぴの「ぴ」は、樋（とい）の音読みで、ケーブル類を隠す筒のことです。壁や床などに露出配線する場合、そのまま露出させてしまうと見た目がよくないので、見た目をすっきりさせたり、床のケーブルにつまずかないようにしたり、保護したりするために、ケーブル類を収める細長いケースです。

材質は合成樹脂や金属が主で、色は白、茶などがあります。合成樹脂線ぴ、金属線ぴと呼ばれます。まず、U字形の部材を壁に両面テープやねじで留めて、中にケーブルを入れて、その後に上からU字形のカバーを押し込んではめます。

天井に照明を追加したくても天井をはがすのが大変、壁にコンセントを増設したくても壁をはがすのが大変、LANケーブルを後から付けるなどの場合などで、線ぴ（モール）を使ってケーブルを引きます。もちろん天井裏、壁の中に隠す方がよりきれいです。

8

電気設備

ケーブルが
露出するより
ましか…

線ぴ（モール）

Q 金属ダクトとは？

A ケーブルや絶縁電線を多数収める筒です。

 ダクト（duct）とは、植物の水を運ぶ導管が原義ですが、建築でダクトというと、空気を運ぶ筒＝空調用ダクトの意味で普通は使われます。電気工事でダクトというと、ケーブルを大量に収める細長いケース、筒のことです。

　幹線部分やそれに近い部分には、大量にケーブルが必要となります。それをバラバラに配線していると、見苦しく、じゃまなばかりでなく、事故の原因にもなりかねません。そこで、束ねて筒に入れることにしたのが、配線用のダクトです。

　小さいダクトでも横50cm×縦30cm程度の大きさがあるため、樹脂ではなく鋼板でつくられます。そのため、金属ダクトと呼ばれます。配線用のダクトは○○ダクトとダクトの前に素材名称を付けて呼ばれますが、それは空調ダクトと区別するためです。電気配線用のダクトは空調用のダクトとよく混同されるので、建築士の試験でよく出る用語ともなっています。

　電気配線用の金属ダクトは、空調ダクトと同様に、天井のスラブから吊りボルト＋軽量形鋼などで支えます。吊りボルトの位置は事前に決めておき、コンクリートにインサート金物を埋め込んでおきます。

　ケーブルが太いと曲げるのに大きな半径が必要となるため、金属ダクトの曲がりの部分を45°にしたりする工夫が必要となります。

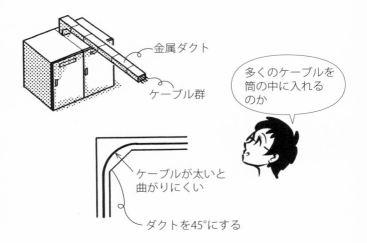

金属ダクト

ケーブル群

多くのケーブルを筒の中に入れるのか

ケーブルが太いと曲がりにくい

ダクトを45°にする

Q バスダクトとは？

A 下図のような、金属の帯状導体を金属ダクトに収めた幹線用の設備です。

バス（**bus**）とは、複数の導線による幹線のことを指します。<u>バスダクト</u>は、複数の板状の導体を金属ダクトに収めたものです。

銅やアルミなどの金属の板を露出したまま絶縁体で支えるもの、板を絶縁体で覆っているものなどがあります。金属ダクトに入れずに、そのまま絶縁された板が露出したバスダクトもあります。

ケーブルが太いと曲げにくく、直角に曲がる部分ではスペースを取ってしまいますが、バスダクトの場合、金属の導体を直角につなげばいいのでコンパクトに収まります。

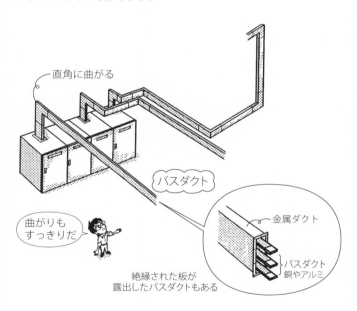

直角に曲がる

バスダクト

曲がりもすっきりだ

金属ダクト

バスダクト
銅やアルミ

絶縁された板が
露出したバスダクトもある

8
電気設備

Q フロアダクトとは？

A 下図のような、床下に設置する、ケーブル類を通すための配線用ダクトです。

 フロアダクトは、金属の筒を床下に設置して、その中にケーブル類を通し、床から取り出して各所で使う配線用の筒です。オフィスビルなどで床面が広い場合、ケーブル類を床から取り出せるようにすると便利です。天井から取り出すよりも、配線が目に付きません。

　ダクト自体は、高さが**2cm**程度の背の低い金属管です。コンクリートに埋め込む場合、背が高いと、鉄筋の間にうまく入らず、構造的にも問題が出てしまいます。しかし、フロアダクトは高さがそれほどないので床下も低く抑えられます。コンクリートに埋め込まない場合でも、床下の寸法は低い方が階高が低くてすみます。

　ダクトを縦横につなぐには、ジャンクションボックス（接続のための箱）を設けます。ジャンクションボックスの蓋を回して開けると、ケーブルの引込み、接続などの作業ができます。ダクトの所々には、インサートスタッド（ケーブルを引き出す口）を付けます。インサートスタッドにはインサートキャップをねじ込んで蓋をします。

　電源、電話、LANの3列式（**3WAY**）、電源、電話の2列式（**2WAY**）などがありますが、LANの引ける3列式が一般的です。

　型枠、鉄筋工事の段階でフロアダクトを埋め込んでおき、コンクリートを打ちます。後から細い鉄線などをフロアダクトに通して、そのガイドでケーブルを通します。直線状の筒なので、CD管に通すよりも簡単です。

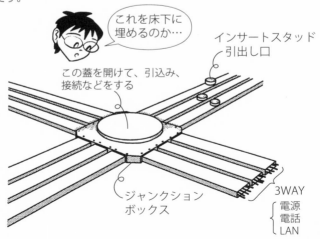

これを床下に埋めるのか…

インサートスタッド
引出し口

この蓋を開けて、引込み、
接続などをする

ジャンクション
ボックス

3WAY
電源
電話
LAN

Q セルラダクトとは？

A 下図のような、デッキプレートの一部を閉鎖してつくったケーブル用の
ダクトです。

デッキプレートとは、鉄骨造の床をつくる際に使われる、凹凸のある鋼
製の板です。凹凸があるので、梁から梁へと架け渡しても、折れにくく
なっています。通常、このデッキプレートの上にコンクリートを打っ
て、床版（床スラブ）をつくります。

セルラダクトは、このデッキプレートの凹凸を使って、配線用のダク
トをつくります。デッキプレートの下側にはコンクリートもなく、凹凸
があるだけです。デッキプレートの下側のへこんだ部分に蓋をして、筒
状のダクトをつくるわけです。

セルラ（cellular）とは、区画された、細胞状のといった意味です。
デッキの一部を区画してダクトとしたものです。

デッキプレートの波の方向は一方向となっているので、直交する方向
にはデッキプレートの上にフロアダクトを付けます。直交するダクトの
交差部分にはジャンクションボックスを設けて、縦横相互の連絡とする
と同時に、取出し口とします。

8
電気設備

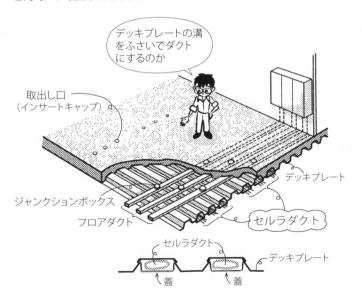

デッキプレートの溝
をふさいでダクト
にするのか

取出し口
（インサートキャップ）

デッキプレート

ジャンクションボックス

フロアダクト

セルラダクト

セルラダクト

デッキプレート

蓋　　　蓋

Q アンダーカーペット配線方式とは?

A 下図のように、薄くて平たいケーブルの上下を保護して、床面とカーペットの間に敷き込む方式です。

フロアダクト、セルラダクトは工事費がかかり、また、後から追加で工事するわけにはいきません。薄いフラットなケーブルを使うと、後からでもカーペットの下に敷き込んで使うことが可能です。タイルカーペットを使えば、工事も簡単で、配線替えにも対応できます。カーペットの下に敷き込むので、アンダーカーペット方式といわれています。

カーペットの下に敷く薄いケーブルには、電力用、LAN用、電話用、同軸ケーブル用などがあります。小さなオフィスでは、フロアダクトが埋め込まれていないことがありますが、この薄いケーブルを使って配線が可能となります。

薄いケーブルをそのままカーペットの下に敷き込むと、その上を歩いたり、家具を置いたりしたとき、ケーブルが傷んでしまいます。そこで、保護層を上下に敷きます。平たいケーブルに保護層を付けて敷くので、平形保護層配線方式ともいいます。上下の保護層を入れても、全体の厚みは2mm程度です。

オフィスの配線　→　フロアダクトやセルラダクトを前施工
　　　　　　　　　　アンダーカーペット配線を後施工

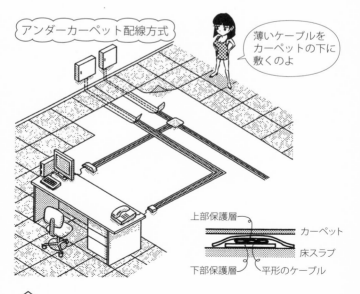

アンダーカーペット配線方式

薄いケーブルをカーペットの下に敷くのよ

上部保護層
カーペット
床スラブ
下部保護層
平形のケーブル

Q フリーアクセスフロア配線方式とは？

A 下図のように、床を持ち上げてその下に配線を通す方式です。

フロアダクト、セルラダクトだと、決められた取出し口からしかケーブルを引き出せません。机のレイアウトも限られてしまい、ケーブルの付け替えも簡単ではありません。

　そこでダクトの通る箇所だけでなく、すべての床下にケーブルを回せるようにしたのが、フリーアクセスフロアです。4本足のユニットなどをスラブの上に並べて床を浮かせ、その上にタイルカーペットを敷きます。配線する場合は、タイルカーペットの一部をはがせば可能です。

　ダクト方式に比べて、配線の自由度が高く、配線収容量も多くなります。広いオフィス空間では理想的な配線方式です。**OA**フロアとも呼ばれます。

　ただし、フリーアクセスフロアの4本足のユニットは高さが**7cm**程度あり、その分、階高が必要となります。階高を低く抑えたい場合は、この方式は使えません。

フロアダクト、セルラダクト　　　　　　　　→　取出し位置が限定
アンダーカーペット、フリーアクセスフロア　→　取出し位置は自由

8

電気設備

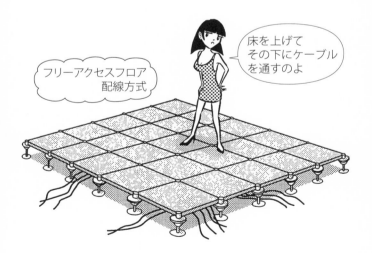

フリーアクセスフロア
配線方式

床を上げて
その下にケーブル
を通すのよ

Q ライティングダクトとは？

A 下図のような、照明器具を付けることのできる配線用レールです。

ライティングダクトは、レールの中に導体が組み込まれていて、照明器具のプラグをひねって差し込むことで、電流を受けることができる照明器具取付け用のレールです。

　電気を流すことができる導体、管なのでダクトと名前が付いていますが、今までの金属ダクト、フロアダクト、セルラダクトは、ケーブルを中に入れる管、筒でした。ライティングダクトは照明器具を取り付ける管、レールで、種類が異なります。

　ライティングダクトは、配線ダクト（略して配ダク）、ライティングレール、ライトレール、ダクトレールなどとも呼ばれます。

　照明の位置が変えられるので、配置が頻繁に変わる店舗などによく使われますが、住宅で使われることもあります。家具の配置が変わる可能性がある場合、壁にかかる絵の位置を変える可能性がある場合などには便利です。

　電球はLEDのほか、ハロゲン球、蛍光ランプなどのライティングレール対応製品があります。配線ダクト用引掛けシーリング（**R272**）のプラグもあり、そこにペンダントライト（吊り下げる照明）を付けることもできます。

天井、壁

導体

ライティングダクト　配線ダクト
　　　　　　　　　　ライティングレール
　　　　　　　　　　ライトレール
　　　　　　　　　　ダクトレール

ライトの数や位置が変えられて便利だ

Q レースウェイとは？

▼

A 吊りボルトなどで支持される、ケーブルを収めたり、LED蛍光灯（直管形LEDランプ）を付けたりするためのレールです。

 レースウェイ（**raceway**）は、競争路、水路などの意味がありますが、電気設備では配線管、それも天井から吊される配線管のことをいいます。

　ライティングダクトはレールに導体が仕組まれていますが、レースウェイは筒の内部にケーブルを入れる線ぴの一種です。レースウェイは、2種金属線ぴとも呼ばれます。

　下図のように、U字形のレール内にケーブルを収め、カバーをします。2m程度の間隔で吊りボルトで吊り下げます。レースウェイには、LED蛍光灯（直管形LEDランプ）などを取り付けることもできます。

　駅のホームや駐車場の照明、機械室の配線など、照明を付けるには天井が高かったり、天井仕上げがなくて構造がむき出しになっている場合などに使われます。

8

電気設備

race way
レースウェイ
（2種金属線ぴ）

駅でよく
見るわね

Q ケーブルラックとは？

A 下図のような、多数のケーブルを載せるための棚です。

ケーブルラックは、はしごを横に倒したような棚（ラック：**rack**）で、ケーブルを上に載せます。はしご状のラック以外に、小さな穴が多くあけられた金属板（パンチングメタル）なども使われます。

　機械室、コンピュータ室、工場、駐車場、鉄道施設などの、外観よりも使い勝手やコストを優先する所に使用されます。ケーブルが多い場合は、ラックを何段にも重ねることがあります。

　太いケーブルは直角には曲げられないので、曲がりの部分（ベンド）の内側は円弧にされています。

円弧

cable　rack
ケーブルラック

はしごの上に
ケーブルを
載せるんだ

Q ケーブルどうしを接続するには？

A 下図のように、接続部を保護するボックスの中で、リングスリーブや差込み形コネクタを使う接続、ねじり接続などの方法で接続します。

リング（ring）は輪、スリーブ（sleeve）は袖です。筒状のリングスリーブの穴に、袖に通すようにケーブルの芯を通します。ケーブル芯を通した後に、リングスリーブを押しつぶししてしっかりと留めます。

　接続した後は、ビニルテープを巻きます。リングスリーブ自体は金属なので、絶縁する必要があるからです。大・中・小の3種類のリングスリーブがあり、2〜7本のケーブルを接続できます。

　差込み形コネクタとは、ケーブルを差し込むだけで接続できる小さな部品です。コネクト（connect）とはつなぐという意味で、コネクタとはつなぐもの。ケーブル3本以上の接続に、差込み形コネクタをよく使います。

　ねじり接続は、ケーブルどうしを5回転ほどねじって接続して、ビニルテープなどで絶縁する方法です。3本以上のケーブルをねじって接続するには、若干のテクニックが必要となります。

　ケーブルどうしを接続しただけでは、湿気やネズミの死骸などによって漏電や火災などの危険性があります。そのため、接続部分はボックスで保護します。接続部分を保護するためのジャンクションボックスは、樹脂製の箱です。ジャンクションボックスのほかに、アウトレットボックスやプルボックス（R263参照）などで接続部を保護することもあります。

- リングスリーブ　ムギュ
- 差込み形コネクタ　カチッ
- ねじり接続（2本）
- ねじり接続（3本）
- 接続はボックスの中よ
- ジャンクションボックス

8　電気設備

Q アウトレットボックス、プルボックスとは？

A アウトレットボックスはケーブル類を取り出したり、器具を取り付けたりするためのボックスで、プルボックスはケーブル類を中継するためのボックスです。

アウトレット（outlet）とは取り出すこと。アウトレットボックスは、取出しのためのボックスが原義です。コンクリートに埋め込むアウトレットボックスは、コンクリートボックスともいいます。コンクリート打込み時の型枠合板に打ち付けるため、箱の横にねじ穴があけられています。

アウトレットボックスには、電線管を接続するための打抜き穴が側面や底面に付いています。電線管を取り付ける部分だけ穴を打ち抜いて、そこに電線管を取り付けます。ケーブルをその穴に通す場合は、ゴムのキャップをします。

金属管の交差部、屈曲部にアウトレットボックスを付けて、ケーブルの引込み、接続をします。重い照明器具を吊す場合、アウトレットボックスの底部にフィクスチュアスタッドを付けて、それにパイプをねじ込みます。フィクスチュア（fixture）は取付け具、スタッド（stud）は鋲（びょう）のことです。

プルボックスは、ケーブルを引っ張るためのボックスが原義で、配線の中継地点に用います。プル（pull）は引っ張るという意味です。アウトレットボックスよりも大きく、多数の電線管が集合する地点に設置します。打抜き穴はなく、接続する場合は後からあける必要があります。

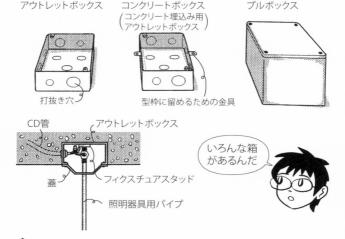

アウトレットボックス　　コンクリートボックス　　プルボックス
（コンクリート埋込み用
アウトレットボックス）

打抜き穴　　　　型枠に留めるための金具

CD管　　アウトレットボックス

蓋　　フィクスチュアスタッド

照明器具用パイプ

いろんな箱があるんだ

Q スイッチボックスとは？

A 下図のような、スイッチやコンセントを取り付けるためのボックスで、コンセントボックスともいいます。

スイッチとコンセントは同じ規格でつくられているので、スイッチボックス（コンセントボックス）はどちらに使うこともできます。柱や間柱には、樹脂製のスイッチボックスを取り付け、ケーブルをスイッチボックス内に引き込んでおきます。コンクリートの場合は、金属製のスイッチボックスをコンクリート内に埋め込んで、オレンジ色のCD管を接続しておきます。

　スイッチ、コンセントへの接続は、ケーブルの芯を端子に差し込むだけです。ケーブルを取り外すときは、端子の横の穴にマイナスドライバーを差し込んで引き抜きます。ケーブルをスイッチに接続した後に、スイッチと取付け枠をスイッチボックスに付けます。

　取付け枠は3段になっていて、スイッチ、コンセントを3段で組み合わせることができます。3段で連続して用いることができる取付け枠なので、連用取付け枠ともいいます。その枠にスイッチカバーの枠をねじで取り付けて、上からスイッチカバーをカチッと押し込みます。

　近くにあるスイッチやコンセントを分解してみましょう。マイナスドライバーをスイッチカバーの下に差し込むと簡単に外れます。スイッチカバーの枠は、上下の小さなねじを外すと取り外せます。さらに連用取付け枠も、上下の大きなねじを外すと取り外せます。そうすると、中のスイッチボックスとケーブルが見えてきます。

8

電気設備

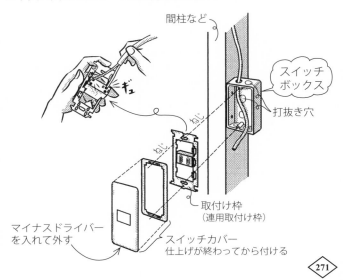

間柱など

スイッチボックス

打抜き穴

取付け枠
（連用取付け枠）

マイナスドライバー
を入れて外す

スイッチカバー
仕上げが終わってから付ける

Q コンセント、スイッチを取り付けるときの向きは？

▼

A 下図のように、コンセントは接地側（アース側、長い穴の側）を左とし、スイッチは押すとONとなる黒いマークのある方を右とします。

コンセントは一見すると左右が同じ長さのようですが、よく見ると左の方が長くなっています。スイッチも黒いマークが付いているのは右側に統一されています。身近なコンセントやスイッチで確かめてみましょう。長い方が接地側で、**0V**です。短い方は**100V**の電圧がかかっています。接地とは、地面につないでいるということで、地面の電位を0Vとしています。建築図面でGL（地盤面）が高さの基準（±0）となるように、接地の電位（0V）を電位の基準としています。また、過電流が発生した場合も、地面に逃がすことができます。

　左側の接地極はアース（**earth**：地面）、グラウンド（**ground**：地面）、コールド（**cold**：冷たい）などとも呼ばれます。逆に、右側はホット（**hot**：熱い）と呼ばれます。

　接地側には白い線を使います。ほかは黒や赤です。線の色で配線ミスをなくそうというわけです。

　スイッチは、右側に黒丸マークがくるようにする決まりです。接地側の線はやはり左につなぎます。ON-OFFするだけのこのようなスイッチを、片切りスイッチといいます。3路スイッチ（**R275**参照）、4路スイッチ（**R276**参照）に対する用語です。

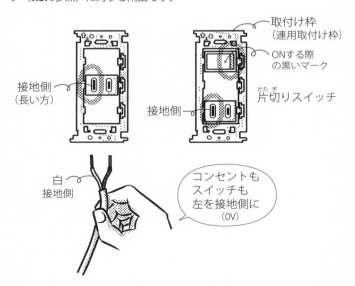

取付け枠
（連用取付け枠）

ONする際
の黒いマーク

接地側
（長い方）

接地側

片切りスイッチ

白
接地側

コンセントも
スイッチも
左を接地側に
（0V）

Q 2口コンセント、接地極端子付きコンセント、接地極付きコンセントの図面記号は？

A 下図のように、コンセントマークに2、ET、Eを付けます。

○の壁側を塗って、その横に2本線を引いたものが壁付きコンセントのマークです。○の右下に2を書くと2口、3を書くと3口となります。壁側を塗るのは、壁付き照明（ブラケット）の記号と同じです。

　接地極とは、地面へのアース（earth）線を直接引いている極です。洗濯機や冷蔵庫などの電気漏れを地面に直接逃がすためにアース線をこちらに接続します。端子とは、電線を差し込んだり、ねじで留める部品で、ターミナル（terminal）ともいいます。接地極端子＝Earth Terminalを略して、ETと○の右下に書きます。

　差し込む側のプラグに、接地極が最初から付けられている場合もあります。コンセント側には丸断面の刃を受ける接地極が付けられています。このような接地極の付いたコンセントを接地極付きコンセントといい、接地極＝EarthのEを右下に書きます。

　接地極端子付きと接地極付きは、混同されることもあります。両者合わせてアース付きコンセントと呼ぶこともあります。

　接地極＝アースのマークは、地面に電線を差し込んだ形をしています。漏れた電流、過度の電流は地面に流しますという記号です。

8 電気設備

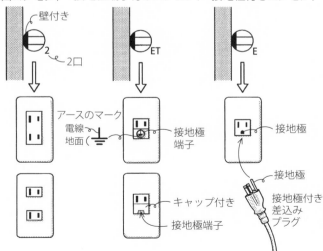

Q 抜止め型コンセント、防水（防雨）型コンセントの図面記号は？

A 下図のような、コンセント記号の右下に**LK**、**WP**を書いたものです。

LKとは**Lock**の略で、ロックする、鍵をかける、抜けないようにするということです。差込みプラグが簡単に抜けないように、ねじって入れるタイプのコンセントが、<u>抜止め型コンセント</u>で、<u>右に回して留めて、左に回して抜きます</u>。パソコン用コンセント、防水型コンセントなど、抜けたら困る場合に使います。

WPとは、防水を意味する**Water Proof**を略したものです。ここで**proof**とは耐久性という意味です。防水といっても水中に取り付けるわけではなく、雨をよける程度です。正確には<u>防雨型</u>です。雨をよけるための庇が付けられていて、その下にコンセントがあります。

外置きの洗濯機やガス湯沸かし器などのために、防水型コンセントがよく使われます。差込みプラグが抜けないように抜止めになっているもの、アース線が付けられるように接地極が付いているものなどがあります。

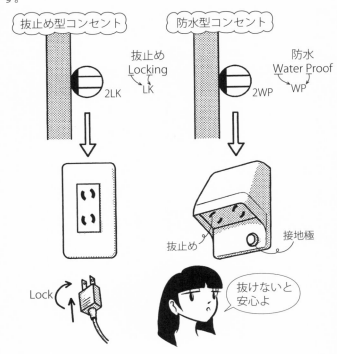

Q コンセント差込み口にいろいろな形があるのは?

A 電圧、電流の種類によって形を変えて安全を図るためです。

100V15Aが、普通のコンセントです。同じ100Vでも20Aのコンセントは下図のように、片方がL字形をしています。大型エアコンなどの大きな電流が必要な場合、分電盤から1本で直接引いて、20Aのコンセントを付けます。

一般家庭でよく使われる単相3線式だと、分電盤での結線の仕方で簡単に200Vをつくることができます。IHヒーターなどでは200Vを使うことが多いですが、その場合は200V用のコンセントを付けます。

200V用コンセントは下図のように、片方が2本の線が一直線に並んだ形をしています(古いものはT字形)。200V20Aでは、さらに片方をL字形としています。

100V 平行 ─┌ 15A
　　　　　　└ 20A 片方がL字形

200V 一直線状 ─┌ 15A
　　　　　　　　└ 20A 片方がL字形

3相用(動力用)のコンセントは、3本の線と接地極で4つの直線の穴があいたコンセントです。

このように電圧、電流の違いによってコンセントの形状を変えることで、間違ったプラグ(plug 差込み)を差し込まないようにする工夫をしています。

8
電気設備

100V 15A　　100V 20A

200V 15A　　200V 20A

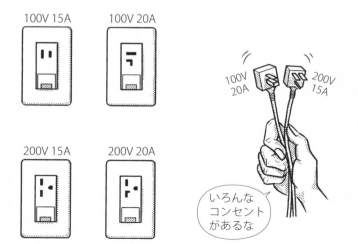

100V 20A　　200V 15A

いろんなコンセントがあるな

Q マグネット式コンセントとは？

A 下図のような、磁石で付けるコンセントで、足をコードに引っ掛けても、すぐに抜けるようにしたものです。

コードを足に引っ掛けて転倒する事故を防ぐために、マグネット式コンセントがあります。主に高齢者、身障者、幼児が使う部屋に使われます。

　電気製品には<u>マグネット式コンセント</u>対応のプラグが付いていないものが多く、そのままではマグネット式コンセントが使えません。その場合は下図のような、<u>普通のプラグをマグネット式に変えるコネクタ</u>を利用すると便利です。片方が抜止め式コンセントとなっていて、そこに差し込んで右に回すと抜けなくなります。それをマグネット式コンセントに付けるわけです。

　コンセントの抜差しが、腰をかがめないとできないので、高齢者用に若干高めに配置することがあります。通常は、<u>床からコンセント芯まで20〜30cm</u>とするところを、<u>高齢者用は40cm程度</u>としたりします。

　高齢者、身障者対応としては、スイッチ面の大きい<u>大型プレートスイッチ</u>も使われるようになりました。健常者にも大型のスイッチは使いやすいので、普及率も高くなっています。車椅子対応の場合、<u>スイッチ芯の高さは通常の130cm程度を110cm程度</u>と低くします。

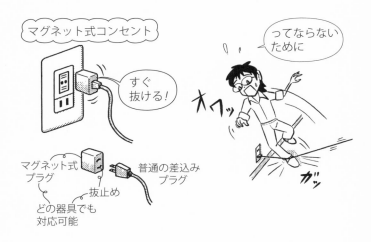

マグネット式コンセント

すぐ抜ける！

マグネット式プラグ

抜止め

どの器具でも対応可能

普通の差込みプラグ

ってならないために

オワッ

ガッ

Q フロアコンセントの図面記号は？

A 下図のように、○の中に縦の2本線、その下に三角マークです。

○の中に2本線はコンセント、三角マークの向きは蓋の開く方向を示しています。壁付きではないので、○の片側を黒く塗りません。三角マークは白地のままもあれば、黒塗りにすることもあります。

　部屋が広い場合、壁付きコンセントだけでは床がコードだらけになってしまいます。足が引っ掛かる場合は床用モールで隠したりできますが、それでも歩きにくく見苦しいものです。

　そこで、スラブの中にコンセントを埋め込んで、必要なときに取り出せるように工夫したものがフロアコンセントです。ボタンをスライドすると、蓋が開く仕組みのものが一般的です。

8

電気設備

壁が遠いときは
床から電気を
取るのよ

カッパ

フロアコンセント

黒く塗る
こともある

Q 電話アウトレット、テレビアウトレットの図面記号は？

A 下図のように、○の中に黒丸、白丸です。

アウトレット（**outlet**）とは外に出す口という意味で、取出し口、プラグの差込み口のことです。

　○に黒丸が電話用、○に白丸がテレビ用のアウトレットです。○に**L**の字は**LAN**用です。コンセントの図面記号と同様に、壁付きは○の壁側を黒塗り、床付きは○の下に三角マークです。

　コンセント、テレビアウトレット、電話アウトレット、LANアウトレットが一体となったマルチメディアコンセントもあります。住宅では各室にこれを付ければ、さまざまな場面に対応できるので便利です。

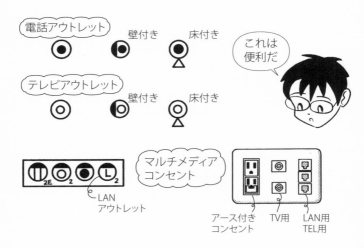

Q 照明器具のスイッチの図面記号は？

A 下図のような黒丸です。

配置図に照明器具とスイッチの関係を描く場合、照明器具などの記号とスイッチを単線で結びます。分電盤からの電気の引込みは描かれていません。実際の電線は2本、3本と複数必要で、配線工事をするには単線図から複線図を起こさなければなりません。

○の中に「( )」形の印は、引掛けシーリングの図面記号です。シーリング（ceiling）とは天井という意味で、引掛けシーリングとは天井に照明器具を引っ掛ける器具となります。ローゼット（rosette）ともいいます。rosetteはバラの花形装飾が原義です。

照明器具のコード側に、「( )」形に差し込んで回して留める金具が付いています。抜止めコンセントと同様に、右に回して留め、外すときは側面のボタンを引きながら左に回します。

照明器具を後で付ける場合には、この引掛けシーリングを天井に付けておきます。引掛けシーリング対応の照明器具は、数多く販売されています。

意匠設計側では照明とスイッチの位置と関係を示した図＝電灯図のほかに、照明器具リストを作成します。照明器具リストには姿図、型番などを書き、誤発注のないようにします。

8

電気設備

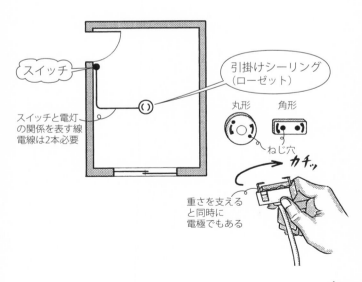

スイッチ

引掛けシーリング
（ローゼット）

丸形　角形

スイッチと電灯
の関係を表す線
電線は2本必要

ねじ穴

カチッ

重さを支える
と同時に
電極でもある

 **R273**

照明器具　その2

Q ペンダントライト、シャンデリア、シーリングライトの図面記号は？

A ○の中に横線、○の中にCH、○の中にCLです。

ペンダント（**pendant**）とは首から吊すペンダントと同様、吊されたものが原義です。ペンダントライトとは吊されたライトのことです。ダイニングテーブルの上によく付けられます。目線の位置、1.5m程度の高さまで吊り下げます。テーブルの上なのでじゃまになりません。横から見た半円形の姿から、このマークの形を覚えておきましょう。

　ペンダントの一種でシャンデリアもあります。多数の電球とガラスなどを組み合わせた装飾的な照明です。住宅ではあまり使われなくなりましたが、ホテルのロビーなどで使われています。図面記号はCHandelierの頭のCHを○の中に書いたものです。

　天井に直に付けるタイプは、シーリングライトと呼ばれます。CeiLingとは天井のことで、○の中にCLが図面記号です。天井直付けのLED蛍光灯（直管形LEDランプ）は、○に長方形の別の記号があります（R276参照）。

　ペンダントライト、シャンデリア、シーリングライトはいずれも、引掛けシーリングで留めるタイプがあります。大型で重いペンダントライトやシャンデリアはアウトレットボックスにボルトで取り付けられます。小型の場合は、引掛けシーリングの方が、取替えやメンテナンスが楽です。

Q 照明の配置を図面に描く際に、単線図で線の本数を示すと？

A 下、中の図のように、単線の途中に斜め線を本数分だけ入れます。

45°の斜め線を2本入れると線が2本、3本入れると線が3本となります。実際の配線に近いのが複線図（右図）で、それを単純化すると単線図（中央の図）となります。単線図にも、単純化の程度によって、いろいろあります。

　意匠図での照明配置図は、単線図で描かれるのが一般的です。前頁の図のように、ジョイントボックスも電源からの線も省略されて、照明とスイッチとの関係だけを示した図となります。電気工事側では、単線図から複線図を描き起こしたり現場で想定したりしながら、実際の配線を行います。

　単線図に線数を記入する場合は、斜め線で表します。複線図では複雑すぎるので、このような省略法があるわけです。

　線数を表す斜め線と違う方向に斜め線を入れて、アース線の本数を示すことがあります。また線の下に「1.6-3C」などと書いて、ケーブルの種類を示すこともあります。この場合は、1.6mm径、3芯のケーブルとなります。

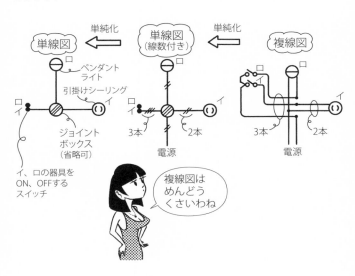

Q 3路スイッチとは？

A 2カ所でON-OFFできるスイッチです。

廊下、階段などで2カ所にスイッチを設けてどちら側からでもON-OFFしたい場合、3路スイッチを使います。なぜ3路かというと、スイッチ部分に3本の電線、3個の端子を使っているからです。3路スイッチ、4路スイッチ（R276参照）に対して1カ所だけでON-OFFするスイッチは、片切りスイッチといいます。

　ちなみに下図の二重丸はダウンライトの記号です。ダウンライトとは、天井に埋め込まれた円筒形の照明器具です。円形の穴に電球が入った形を、そのまま図面記号にしたものです。すっきりとした外観でコストもかからないので、多用されています。黒丸の場合は非常用照明のダウンライトで、電源が切れた場合に点灯します。

　○の壁側の一部を黒く塗ったものは、壁付き照明、ブラケットライトです。ブラケット（bracket）とは腕木、持送りが原義です。ブラケットライトの記号で壁側を黒く塗るのは、壁付きスイッチの記号が壁側を黒く塗るのと同じです。

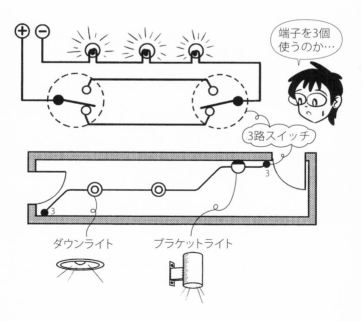

端子を3個使うのか…

3路スイッチ

ダウンライト　　　ブラケットライト

Q 4路スイッチとは？

A 3カ所でON-OFFできるように、2個の3路スイッチと組み合わせて使う
スイッチです。

なぜ4路スイッチと呼ばれるかというと、スイッチ部分で電線を4本、端
子を4個使うからです。広い部屋や長い廊下などで、3カ所でON-OFFし
たい場合があります。そんなときに下図のように、4路スイッチと3路ス
イッチを組み合わせて使います。

長い長方形の中央に○のマークは、天井付きLED蛍光灯（直管形
LEDランプ）の図面記号です。○の壁側だけ黒く塗った場合は壁付き
のLED蛍光灯、完全に黒丸の場合は非常用照明のLED蛍光灯です。

スイッチの黒丸にPを付けると、プルスイッチの図面記号となりま
す。プル＝pullとは引くという意味で、ひもで引いてON-OFFするスイ
ッチです。キッチンの手元照明などでよく使われます。

8

電気設備

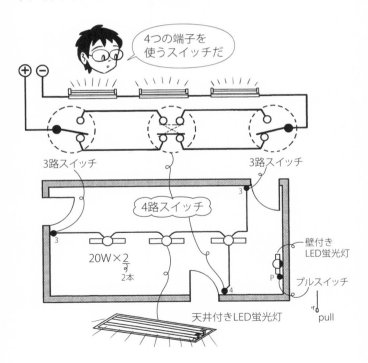

Q 非常用照明、誘導灯の図面記号は？

A 下図のように、○の中を黒塗り、○の中のバツ印の上下を黒塗りです。

非常用照明は、停電などのときに点灯する照明で、誘導灯は、避難経路を誘導する照明で常時点灯しています。非常用照明は建築基準法によるもので、誘導灯は消防法によるものです。

　黒丸は白熱灯による非常用照明、長方形が付いたものがLED蛍光灯による非常用照明です。床面で白熱灯は1ルクス以上（LED、LED蛍光灯では2ルクス以上）と決められています。

　○の中のバツ印の上下を黒塗りしたものが白熱灯による誘導灯、長方形が付いたものがLED蛍光灯（直管形LEDランプ）による誘導灯です。誘導灯は常時点灯させます。

　誘導灯には、避難口誘導灯、通路誘導灯などがあります。避難口誘導灯は避難口の上部に付けられます。廊下に付ける通路誘導灯は、火事の場合を想定して、煙の少ない床面近くに設けられます。

　火災、地震などで停電したときには、非常用照明、誘導灯ともに、バッテリーや非常用電源で点灯させます。

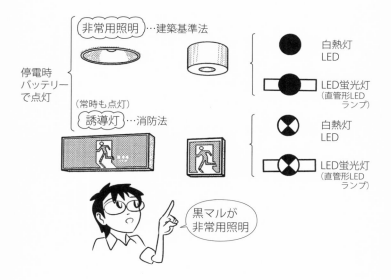

Q パイロットランプ付きスイッチ、ホタルスイッチとは?

A スイッチがONの状態で点灯するのがパイロットランプ付きスイッチ、暗い所でもスイッチが確認できるようにOFFのときに点灯するのがホタルスイッチです。

パイロット（pilot）とは飛行機のパイロットと同じく、水先案内人、案内人が原義です。パイロットランプとはONの状態を示すためのランプです。換気扇などは動いているか否かわかりにくいので、パイロットランプ付きスイッチとするのが普通です。

換気扇のスイッチはさらに、タイマー付きスイッチにすると便利です。たとえば1時間後などに切れるように設定しておくと、風呂場などで換気扇がつけっぱなしとならずにすみます。

ホタルスイッチとは、蛍のようにかすかな光を放つスイッチです。帰宅後、真っ暗な家の中でスイッチを探すのに便利です。本体が点灯すると、ホタルスイッチの光は必要ないので消えます。

パイロットランプ付きスイッチ
ONのとき点灯（赤）

ホタルスイッチ
（大型パネルスイッチ）
OFFのとき点灯（緑）

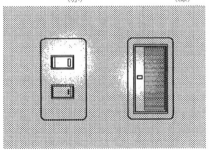

換気扇が動いているなどを示す

暗い中でスイッチの位置を示す

小さいランプも使いよう

8 電気設備

Q 受変電設備、配電盤、分電盤の順序は？

A 外からの引込み → 受変電設備 → 配電盤 → 分電盤の順となります。

外から高圧で引き込まれた電気は、キュービクル内の受変電設備に入り、電力量を測る計器類、電気を遮断する遮断機、低圧に変える変圧器を通って配電盤に送られます。

　配電盤では、送られた低圧電力を分岐して、分電盤へと送ります。各分電盤に送られた電気は、各回路に分けて送り出されます。配電盤、分電盤の図面記号は下図のように、長方形にバツ印と長方形に斜め線＋黒塗りです。

　そして、部屋ごと、部屋のゾーンごとなどで回路ごとに分けられた電気は、各所のコンセントやスイッチ、電灯などに行き渡ります。

　一般家庭では、受変電設備と配電盤は必要なく、引込み → 分電盤 → 各所へと電気を通します。電信柱の変圧器で低圧にしてから引き込まれ、分岐も少ないからです。

　発電所でつくられた電気は、分岐、分岐を繰り返し、電圧を下げながら各所へと伝えられます。大規模な建物では建物内でも分岐を繰り返して各所へと送られ、分岐するたびに安全装置を通されます。

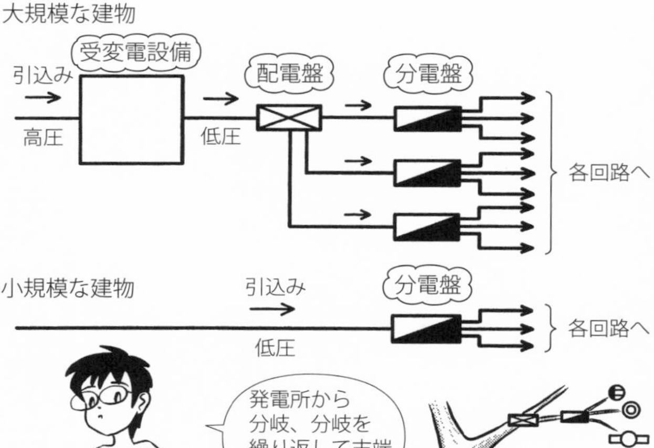

大規模な建物

引込み → （受変電設備） → （配電盤） → （分電盤）

高圧　　　　　　　　　　低圧

〕各回路へ

小規模な建物　　　　引込み　　　（分電盤）

低圧

〕各回路へ

発電所から
分岐、分岐を
繰り返して末端
にいくんだ

Q 家庭用分電盤の中はどうなっている?

A 下図のように、アンペアブレーカー、漏電ブレーカー、安全ブレーカー
などで構成されています。

分電盤の最初はアンペアブレーカーです。30A（アンペア）とか50Aな
どの一定以上の電流が流れた場合、電気が遮断される仕組みです。

コーヒーブレイクとは、コーヒーを飲むための中断で、ちょっとした
休みのことです。ブレイク（**break**）とは中断する、遮断することで、
ブレーカーとは、遮断するもの、遮断器をいいます。

アンペアブレーカーは、全体のアンペア数によって遮断するブレーカ
ーです。リミッタ（**limiter**：限界を付けるもの）、サービスブレーカー
とも呼ばれます。

漏電ブレーカーは、漏電を感知して遮断するブレーカーです。往きと
還りの電流に差があると漏電したことになるので、その場合、回路をす
ぐに遮断します。

アンペアブレーカー、漏電ブレーカーを通った電気は、回路ごとに分
岐します。その際、回路ごとに遮断器を設けます。各回路で電気が一定
以上流れると回路を遮断する仕組みです。安全ブレーカー、分岐ブレー
カー、配線用遮断器などと呼ばれます。

分電盤内では以上3種類のブレーカーが置かれ、三重に安全を確保し
ています。

8
電気設備

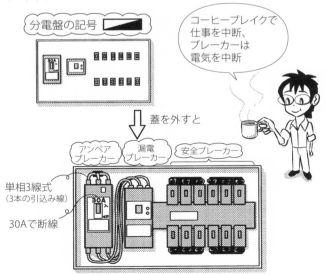

分電盤の記号 ◢▬▬

コーヒーブレイクで
仕事を中断、
ブレーカーは
電気を中断

蓋を外すと

アンペア
ブレーカー
漏電
ブレーカー
安全ブレーカー

単相3線式
（3本の引込み線）

30Aで断線

Q 一般家庭の分電盤では各回路への配線はどうなっている？

A 下図のように、回路ごとに安全ブレーカーを通し、電子レンジ、IHヒーター、クーラーなど使用電力の多い器具は安全ブレーカーから直に専用線を引きます。

🔷 単相3線式では、3本で引き込まれます。接地された中性線は0V、片方は＋100V、もう片方は－100Vなので、つなぎ方によって100V、200Vをつくることができます。わかりやすいように、＋100V、－100Vと表示していますが、実際は交流なので電圧は常に動いていて複雑です。

　各安全ブレーカーを通った2本の線は、各回路へと向かいます。コンセント、スイッチ＋照明などのゾーンごとにひとつの回路とします。1回路で12〜15A程度を目安として、回路数を設定します。

　通常は100Vですが、大型のクーラーやIHヒーターなどは200Vで引くこともあります。同じ100Vでも電子レンジ、IHヒーター、クーラーなどでは、電流の量が大きくなります。100Vでも電流が多い場合は、分岐をせずに安全ブレーカーから線を直接引きます。1台の電子レンジ専用の安全ブレーカー、1台のIHヒーター専用の安全ブレーカーなどとします。

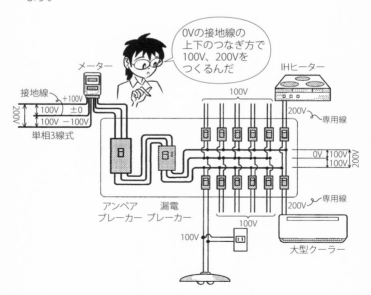

Q 弱電盤の記号は？

▼

A 下図のように、長方形の中に横線で表します。

弱電とは100Vとか200Vなどの強電に対する用語で、通信などに用いられる弱い電気の総称です。電話、インターネット、テレビなどを扱います。

　弱電盤とは、通信の装置関連を収納する箱です。その箱の中には、ブースタ、分配器、ネット端末、ルータ、ハブなどが置かれます。一般家庭では小さな箱、大規模なオフィスでは天井まで届くような大きな箱となります。

　ブースト（boost）とは押し上げるという意味で、ブースタとは増幅器です。テレビアンテナのケーブルを長く伸ばす場合、分岐を多くする場合は、信号を増幅しなければなりません。分配器は、テレビの受信信号を各室に分配します。

　ネット端末は、光ケーブルなどを受ける装置で、信号を受信して電気信号などにします。受信された信号はルータに送られます。ルータは、道筋＝ルート（route）を指定して、ほかへとつなぐ中継装置です。ハブ（hub）は、車の車軸が原義です。車軸から放射状にスポークが広がるように、各室や各パソコンへと信号を分岐します。

　外壁に箱を付けて、その中に機器類を収める場合があります。防水型で樹脂製のその箱は、ウォールボックス（ウォルボックス）と呼ばれます。壁（wall）に付ける箱（box）です。

8

電気設備

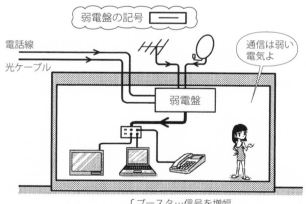

弱電盤の記号 ⬜

電話線
光ケーブル

通信は弱い
電気よ

弱電盤

弱電盤の箱の中
ブースタ…信号を増幅
端末　…ネットなどの終端
ルータ　…ルートを決める
ハブ　…分岐する
：

Q 屋内消火栓設備とは？

A 下図のような、屋内に設ける消火用の水栓で、バルブ、ノズル、ホース、起動ボタン、位置表示灯、音響装置などからなります。

1号消火栓、易操作性1号消火栓、2号消火栓があります。

　1号消火栓は1分当たり130L以上の放水量で、半径25m以内ごとに設置します。ノズルとバルブが別で、2人で操作するのが普通です。工場や事務所などの大規模施設に設置します。

　2号消火栓は1分当たり60L以上の放水量で、半径15m以下ごとに設置します。ノズルで開閉操作ができるので、1人でも使えます。病院、ホテル、福祉施設などに設置します。

　自動火災報知設備から火事の信号を受けると、ポンプを起動させ、消火栓に付けられた音響装置から警報音を鳴らし、赤い位置表示灯を点灯させます。消火栓の起動ボタンで、ポンプや警報などを起動させることもできます。

　屋内消火栓の図面記号は、長方形に対角線、下半分を黒塗りです。分電盤と同じ記号ですが、図面の種類が違うので電気設備図と混同することはありません。

　屋外消火栓は、建物の周囲に置く消火栓で、屋内消火栓と同様、ホース、ノズルなどを箱の中に収めたものです。

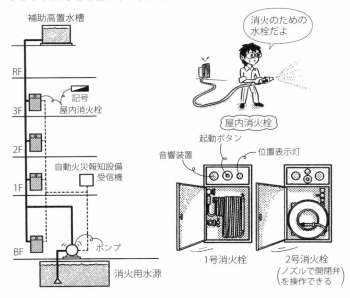

補助高置水槽

消火のための水栓だよ

RF

記号
屋内消火栓

3F

屋内消火栓

2F

自動火災報知設備
受信機

起動ボタン

音響装置

位置表示灯

1F

BF

ポンプ

消火用水源

1号消火栓

2号消火栓
（ノズルで開閉弁を操作できる）

Q 閉鎖式スプリンクラーと開放式スプリンクラーの違いは？

A 下図のように、スプリンクラーヘッドから内側の管内が、大気に開放されているか否かの違いです。

スプリンクル（sprinkle）はまき散らすという意味で、スプリンクラー（sprinkler）は水をまき散らす器具のことです。

閉鎖式では、大気に対してヘッドが閉鎖されています。水を出すヘッドの部分が熱を感知して開いて、水をまき散らします。ヒューズが溶けて外れて、中の水が噴出するなどの仕組みです。ヘッドの内側には水圧のかかった水が詰まっています。

開放式では、大気に対してヘッドが開放されています。ヘッド内部は空気です。水は弁で止められていて、自動火災報知設備の信号を受けて、弁が開放される仕組みです。

寒冷地で通常の閉鎖式（湿式方式）を使うと、中の水が凍結、膨張して管を壊すおそれがあります。そのため、圧縮空気を詰めて、ヘッドが開いて圧縮空気が外に出た後に水が出る乾式方式とします。この場合もヘッドを閉鎖しているので閉鎖式です。

ヘッドを締めて、大気に対して閉鎖するのが閉鎖式、ヘッドを開けて弁までの間を大気圧とするのが開放式です。

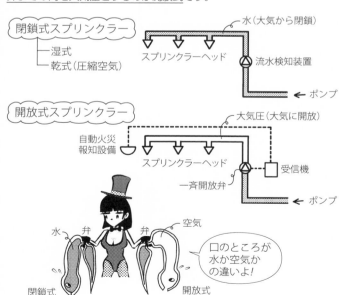

閉鎖式スプリンクラー
├ 湿式
└ 乾式（圧縮空気）

水（大気から閉鎖）
スプリンクラーヘッド
流水検知装置
← ポンプ

開放式スプリンクラー

大気圧（大気に開放）
自動火災報知設備
スプリンクラーヘッド
一斉開放弁
受信機
← ポンプ

水　弁　　　弁　空気

口のところが
水か空気か
の違いよ！

閉鎖式　　　開放式

9
消火・防災設備

Q 泡消火設備、水噴霧消火設備はどんな火災に有効？

A 油火災（B火災）に対しては泡消火設備や水噴霧消火設備、電気火災（C火災）に対しては水噴霧消火設備が有効です。

木、紙、繊維などが燃える一般火災はA火災、油火災はB火災、電気火災はC火災と分類されています。一般可燃物の火災（A火災）に対しては、水の冷却効果によって消火します。

　油火災（B火災）に対して水を使うと、油が水の上に浮いて、冷却効果が小さくなり、さらに火災が広がるおそれがあります。油火災は、酸素を遮断して鎮火します。そのため、泡消火設備や水噴霧消火設備を使います。

　電気火災（C火災）に水や泡を使うと、感電のおそれがあります。水の中を電気が流れてしまうので危険です。そのため、水噴霧消火設備を使います。これは、水の微粒子を噴霧するもので、水の微粒子は火災の熱で瞬時に水蒸気になります。水の蒸発による冷却と酸素の遮断の両方の効果で消火します。水の微粒子は蒸発してしまって水はたまらないので、感電のおそれはありません。

　ただし、天井が高い場合は、水の微粒子が降下するうちに集まって水滴となり、消火の効果が薄まります。そのため、飛行機の格納庫などは油火災対策として、泡消火設備と粉末消火設備を用います。

A火災（一般火災）→ 水
B火災（油火災）　 → 泡、水噴霧
C火災（電気火災）→ 水噴霧

【 油 は ベタベタ 】
油火災　B火災

スプリンクラー
消火設備

一般火災（A火災）

泡
消火設備

油火災（B火災）

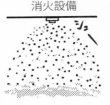

水噴霧
消火設備

油火災（B火災）
電気火災（C火災）

電気火災（C火災）✕
（感電の危険）

電気室は
水や泡は
ダメか

【 　 】内スーパー記憶術

Q 連結送水管とは？

A ポンプ車の送水口から各階で消防隊が使う放水口に、水を送るための消防用の配管です。

建物内の消防活動で、消防隊が消防ホースを放水口に連結します。地上では送水口にポンプ車から水を送り込みます。ポンプ車からのホースを「連結」して、さらに上階で放水用ホースを「連結」して下から「送水」する仕組みなので、連結送水管と呼ばれます。

　放水口は、屋内消火栓併用のものがあります。屋内消火栓の箱内部に、消火栓とは別の放水口が付けられています。

　地上から送り込まれる水のみで放水するのが乾式で、平常時は、配管内が乾いています。地上からの送水以外に建物に水源を確保して、常時配管内に水が満たされている湿式もあります。

9
消火・防災設備

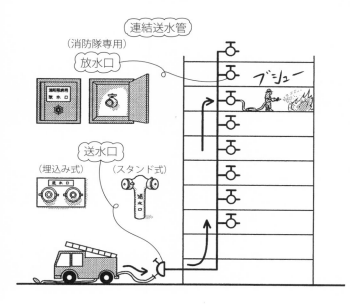

Q 自動火災報知設備の感知器は、何で感知する？

A 煙、熱、炎で感知します。

煙感知器、熱感知器、炎感知器の3種類の感知器があります。感知器で火災を感知して信号を受信機に送り、屋内消火栓、スプリンクラー、排煙機などを動かします。

一般の居室には煙感知器、キッチンなどの煙が平常時でも出る所には熱感知器、天井が高いなどで煙や熱に反応しにくい部屋などには大きな炎に反応する炎感知器を取り付けます。

煙、熱、炎の感知の仕方で、さまざまな方式があります。

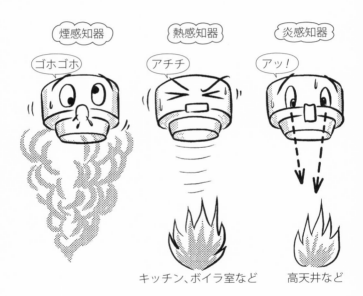

キッチン、ボイラ室など　　　　　高天井など

Q 熱感知器における定温式、差動式とは？

A 一定の温度で動くのが定温式、室温との差で動くのが差動式です。

定温式熱感知器は、60℃とか80℃などの一定温度を設定しておき、温度がそれに達したら作動します。5℃刻み、10℃刻みなどで設定ができます。

差動式熱感知器は、室温との差が20℃あるいは30℃になると作動する感知器です。差が20℃で作動する方が、感度がいいといえます。定温式、差動式の両者の機能を併せ持つ熱感知器もあります。

定温式 → 一定温度で動く
差動式 → 室温との差で動く

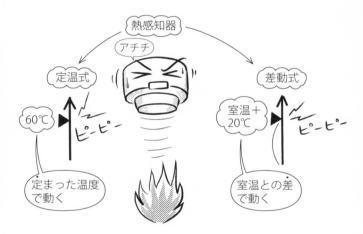

9
消火・防災設備

Q 機械排煙方式とは？

A 下図のように、煙感知器か手動開放装置によって排煙口が開き、排煙機が作動して煙を外に出す仕組みです。

 自然排煙方式は、天井に近い窓を開きます。ボタンを押すといっせいに開いて、閉じるときはレバーを回して閉じるタイプが一般的です。部屋の広さに対する排煙面積も、建築基準法で決められています。

　自然排煙だけでは排煙能力が足りない大規模な建物では、天井に排煙口を付けます。ダクトで外までつなぎ、途中に排煙機を設けます。手動装置や感知器の信号で排煙口が開くと同時に排煙機が動き、煙を外へと出します。自然排煙方式に対して、機械排煙方式といいます。

　壁が遠いデパートのフロアなどでは、天井からひもで手動スイッチを吊ります。火災に気づいた人がこのひもを引けば、排煙口が開き、排煙機が動きはじめます。それより早く煙感知器が感知した場合は、自動で動き出します。

Q 天井チャンバ方式の排煙設備とは？

A 下図のように、天井裏の空間を煙のたまる空間として、そこに排煙ダクトをつないで排煙する方式です。

 チャンバ（**chamber**）とは、部屋が原義です。ダクトでチャンバというと、所々に設ける箱のことです。排水の枡に似ています。
　排煙の天井チャンバ方式では、天井裏の空間全体を天井チャンバと呼んでいます。天井裏の大きな空間を煙だまりとします。天井がその分高くなったようなものなので、天井付近にたまるよりも煙を多くためておくことができます。
　煙をためておく天井チャンバ方式は、平常時には空調のリターンとして使われることもあります。

9

消火・防災設備

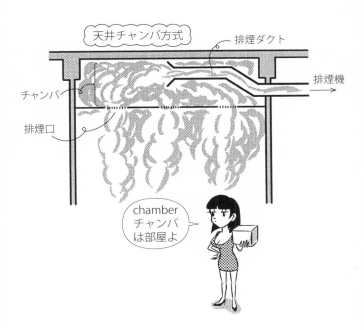

天井チャンバ方式

排煙ダクト

排煙機

チャンバ

排煙口

chamber
チャンバ
は部屋よ

Q 加圧排煙方式とは？

A 廊下などの避難経路に新鮮な空気を機械で導入して、煙が避難経路に入らないようにしたものです。

大気圧よりも気圧が高い状態を<u>正圧</u>、気圧が低い状態を<u>負圧</u>といいます。機械の力で排気すると負圧になり、給気すると正圧になります。

水が低い方へ流れるのと同じで、空気や煙は正圧から負圧の方へと流れます。

避難経路を正圧にしておけば、煙は侵入しにくくなります。部屋の中を排煙機で負圧にして、廊下や階段を給気機で<u>正圧にしておけば、煙に巻かれる可能性を低くすることができます</u>。このような加圧して排煙する方式を、<u>加圧排煙方式</u>といいます。

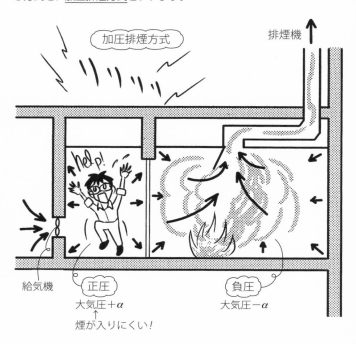

加圧排煙方式

排煙機

給気機　正圧　大気圧＋α　煙が入りにくい！

負圧　大気圧−α

Q エレベーターのかご、かご枠、つり合いおもりとは？

A 下図のように、人を乗せて上下する箱がかご、かご枠はそれを支える構造、ロープの反対側に付けるおもりがつり合いおもりです。

鋼板で人の乗る箱（かご）をつくっただけでは、ロープを付けて上下運動させるための強度が足りません。そこでまず、鉄骨の枠（かご枠）にロープを付けて、その中にかごを収めます。

　エレベーターのかごをつり上げるには、かなりの力が必要となります。そのため、バランスを取るようなつり合いおもりを滑車の反対側に付けて、重さを軽減します。人数によって重さが変わるので完全につり合うわけではありませんが、引き上げる力を節約することができます。

　かごの両側にはガイドレールがあり、かごはガイドレールに沿って動きます。ガイドレールを挟むように非常用ブレーキパッドも付けられています。また、つり合いおもりにもガイドレールが付けられていて、おもりが軌道を外れないようにガイドしています。

　いざというときにガイドレールをブレーキパッドで挟んで止まる仕組みです。落下しそうになったとき、最上階や最下階の停止位置を行きすぎようとしたときなどにブレーキが作動します。

　シースルーのエレベーターや整備点検中のエレベーターで、かご、かご枠、つり合いおもり、ガイドレール、ブレーキパッドなどを確認してみましょう。

10

搬送設備・その他

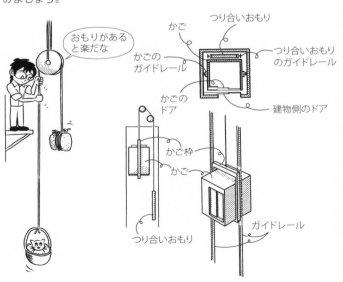

おもりがあると楽だな

かごのガイドレール

かごのドア

かご枠

かご

つり合いおもり

かご

つり合いおもり

つり合いおもりのガイドレール

建物側のドア

ガイドレール

Q エレベーターピットとは？

▼

A 昇降路の最下部にある穴のことです。

昇降路とはエレベーターのかごが上下するためのトンネル状、煙突状の穴で、エレベーターシャフトともいいます。シャフト（**shaft**）とは柱、柱状の穴という意味です。

ピット（**pit**）とは穴のこと。エレベーターピットとはエレベーターのための穴が直訳で、昇降路の最下部につくられた穴のことです。昇降路を最下階のレベルちょうどで止めると、エレベーターのかごの下部がぶつかってしまいます。かごの床は骨組みで支えられています。その骨組みが入るスペースがピットです。

ピットにはさらに、かごやつり合いおもりが落ちた際にクッションとなるような緩衝器も設けられています。バネやオイルスプリングなどでつくられます。

エレベーターピットは、設計初心者がよく忘れがちな場所です。1階で止まるエレベーターでも、地階にエレベーターピットが出っ張ります。駐車場がエレベーター下につくれないなど、地階の設計にはさまざまな影響が出ます。

地階のない場合でも、エレベーターピットは地面にだいぶ食い込むので、水が入らないように、二重壁や防水モルタル塗りなどの防水処理を施します。基礎梁、フーチング、杭などとピットとのからみにも注意が必要です。

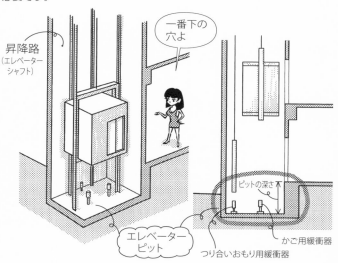

一番下の穴よ

昇降路
（エレベーターシャフト）

ピットの深さ

エレベーターピット

かご用緩衝器

つり合いおもり用緩衝器

Q オーバーヘッドとは？

A 最上階の床から昇降路頂部までの高さのことです。

 オーバーヘッド（over head）とは頭の上という意味ですが、かごの頭から頂部までの距離は頂部隙間といいます。オーバーヘッドは最上階の床から昇降路頂部までの距離で、間違いやすいのでカタログなどでチェックしながら設計を進める必要があります。

　かごが少し上にずれて止まってしまい、昇降路頂部のスラブと激突するようなことがあってはいけないので、オーバーヘッドは所定の安全距離を見込んで取る必要があります。

　オーバーヘッドが高めに必要となるため、エレベーター機械室の床スラブは屋上の床スラブよりも高くなるのが一般的です。また、エレベーター機械室の床面積は、昇降路より大きいので、エレベーター機械室まわりの躯体は複雑な形となります。

　機械室の有効高さは、床から梁下までの距離です。機械とメンテナンスのために必要な高さです。

　巻上げ機をコンパクトにして昇降路の内部に置く機械室レスエレベーターも開発されています。レス（less）はキャッシュレス（cash less）と同様に〜がないという意味の接尾語です。

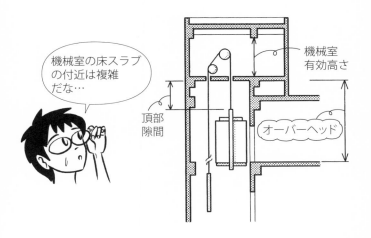

機械室の床スラブの付近は複雑だな…

機械室
有効高さ

頂部
隙間

オーバーヘッド

Q エスカレーターの800型、1200型とは？

A 有効幅が800mm弱の1人乗り用、1200mm弱の2人乗り用のことです。

手すり間の有効幅によって<u>800型</u>（幅700～800mm）と<u>1200型</u>（1100～1200mm）があります。800型は踏み板に1人、1200型は踏み板に2人が乗れます。

　角度は30°が多く、30°以下が原則ですが、35°の製品もあります。骨組みは鉄骨のトラスで支えられています。

　モーター、歯車、チェーンなどのメンテナンスは、乗り口、降り口にある<u>ランディングプレート</u>（着陸するための板）を外して行います。

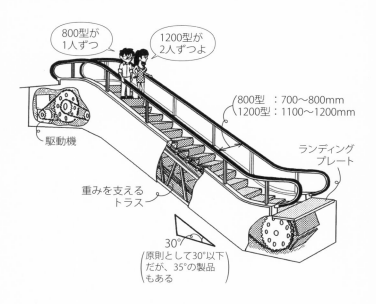

800型が1人ずつ

1200型が2人ずつよ

800型：700～800mm
1200型：1100～1200mm

駆動機

ランディングプレート

重みを支えるトラス

30°
（原則として30°以下だが、35°の製品もある）

Q 太陽光発電システムはどのような構成？

▼

A 太陽電池モジュール、接続箱、パワーコンディショナー、分電盤、電力量計を下図のように接続します。

太陽電池モジュールは、太陽光を受けて直流電流を生じさせるパネル。接続箱は各ストリング（モジュールのつながり）からの電流を昇圧して、電圧を同じにしてから送り出す、電流を接続してひとつにするための箱。モジュールの数によって電圧が変わるので、各ストリングで電圧を統一する必要があります。

パワーコンディショナーは、コンバータで直流を交流に変換して分電盤に送る箱。直流、交流などの電力（パワー）の状態（コンディション）を調整するための機器です。屋内用と、防水機能のある屋外用があります。

分電盤は小さな電流の回路に分けて（分電して）、各部屋、各部に送る機器で、太陽光発電システムのない一般の配線でも小分けにされた各回路に送る前に必ず付けます。電力量計は、買電用と売電用の2つが設置されます。

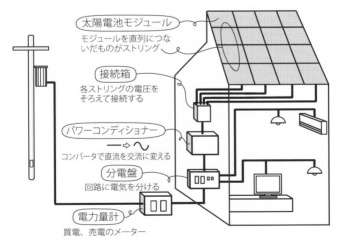

太陽電池モジュール
モジュールを直列につないだものがストリング

接続箱
各ストリングの電圧をそろえて接続する

パワーコンディショナー
━ ⇨ ∿
コンバータで直流を交流に変える

分電盤
回路に電気を分ける

電力量計
買電、売電のメーター

convert：変換する、converter：変換するもの。電気回路では直流から交流に変換する機器がインバータ、交流から直流に変換する機器をコンバータと呼ぶのが一般的ですが、太陽光発電システムにおいては、直流→交流という変換機器をコンバータと呼んでいます。

string：ひも、ひもでまとめた数珠が原義で、ひと続きのモジュールのこと。

10

搬送設備・その他

Q 太陽光発電の仕組みは？

A N型半導体とP型半導体を接合し、接合面に光が当たると電子が移動する仕組みを使って発電します。

電気をよく通す物質を導体、通さないものを絶縁体、両者の中間の性質、中間の抵抗率をもつものを半導体といいます。半導体は条件によって電気を流したり流さなかったり、電流を制御できます。太陽光発電では、光が当たると半導体間で電子が動き、結線すると直流電流が流れます。パネル表面の濃青色は、反射防止膜です。

　シリコンにおける電子軌道の最外殻には4つの電子があり（4価）、4本の腕を結んで結晶となります。この状態では最外殻電子は共有して8個となり安定します（共有結合）。そのシリコン結晶の中に最外殻電子が1個多いリン（P、5価）と1個少ないボロン（ホウ素、B、3価）を入れると、前者はN型半導体、後者はP型半導体となります。

　両者の接合面に光を当てると、余った自由電子はN型の方へ、正孔（ホール、電子の空席、正の電荷と同じ振る舞い）はP型の方へ集まります。それを結線すると電流が流れる仕組みです。N型の側がマイナス極、P型の側がプラス極の電池となるわけです。

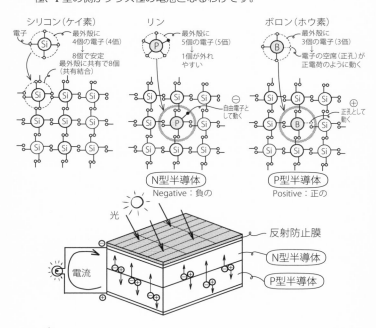

Q 接続箱に昇圧回路が必要なのは？

▼

A モジュールストリング（ひとつながり）で太陽電池モジュール数が異なると電圧が違ってしまうので、電圧をそろえてから各ストリングを接続する必要があるからです。

💠 下図の場合、南面では10モジュールずつ、東西面では8モジュールずつとなります。各ストリングは直列につなぐので、乾電池の直列と同様に、電圧の足し算となります。1モジュール20Vとすると、南面では1ストリングで20V×10＝200V、東西面では1ストリングで20V×8＝160Vとなります。160Vを昇圧回路に通して200Vとしてから、すべてのストリングを並列接続します。その200Vの直流電流をパワーコンディショナーに送り、コンバータで100Vの交流電流に変換して分電盤に送ります。

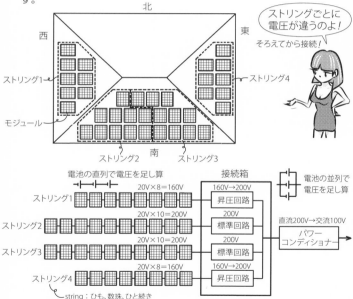

モジュール（**module**）は基本単位のこと。基本寸法という意味もあり、木造の平面図では910mmモジュールで設計するのが一般的です。太陽電池モジュールをさらに分解した最小単位がセル（**cell**）で、細胞、小部屋が原義です。モジュールを直列に並べたのがモジュールストリング、セルを直列または並列に並べたのがセルストリングです。

一般的には、1モジュール15 〜 30V、1セル0.5 〜 1V程度。

Q 電気におけるワット、ワットアワーとは？

A ワット（W）とは電力の単位で、電気が1秒間当たりにする仕事量。ワットアワー（Wh）とは電力量の単位で、1時間に電気のする仕事の総量を表します。

仕事（エネルギー）＝力×距離（N・m＝J）で単位はジュールJ。仕事の効率、能率を表す単位は仕事を時間で割ったワットW（J/s）で、毎秒何ジュールの仕事をするか、毎秒何ジュールのエネルギーを消費するかの時間当たりの効率、能率を示します。たとえば20Wの電球は、毎秒20Jの仕事をし、20Jの電気エネルギーを消費します。

　電気では電流×電圧（アンペアA×ボルトV）が電力（ワットW）となります。2Aの電流が100Vの電圧で流れると、2×100＝200Wの電力となります。

　ワットアワー Whはワットに時間（hour）を掛けた単位で、1時間にどれくらいの仕事量をするか、エネルギー量を消費するか、エネルギー量を発電するかの単位です。20Wの電球を2時間点灯すると、20W×2h＝40Whのエネルギーを消費します。1時間は60×60＝3600秒なので、40×3600＝144000J＝144kJのエネルギー量です。ワットWは瞬間的なエネルギー、ワットアワー Whは一定期間でのエネルギーの総量です。

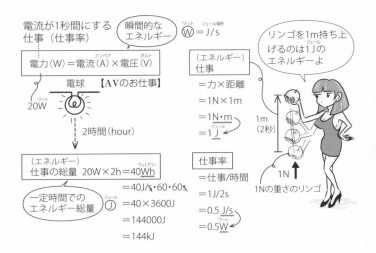

Q 1世帯当たりの平均年間電気消費量、平均年間太陽光発電量はどれくらい?

A 約4200kWh、約4800kWhと、両者ともに4000kWh台です。

環境省のデータによると、1世帯平均の年間電気消費量は約4200kWh、年間太陽光発電量は約4800kWhとなっています。4000kWhは、1日当たりにすると消費量は約11kWh＝11000Whとなります。世帯平均値を比べると太陽光発電量の方が多いですが、使用量には1人世帯の電気をあまり使わない世帯が多く含まれていて、また太陽光発電は多人数家族の戸建てに設置される傾向にあるためと思われます。

さらにこの平均はあくまでも屋根に太陽光パネルを載せている世帯のみの平均で、全世帯平均ではないことも注意しなければなりません。発電量の4800kWhのうち、約7割が売電、約3割が各世帯で消費されています。売電の方が7割と多いのは、太陽光発電が日中に限られ、世帯での消費は日中留守にする家庭もあって、消費するのは夜間の方が多いからです。

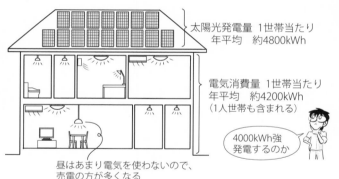

太陽光発電量 1世帯当たり
年平均　約4800kWh

電気消費量 1世帯当たり
年平均　約4200kWh
(1人世帯も含まれる)

4000kWh強
発電するのか

昼はあまり電気を使わないので、
売電の方が多くなる

10
搬送設備・その他

電気をためるのは非常に困難で、バッテリーにためるにも膨大な量のバッテリーが必要です。そのため、夜間に電気を使って水を高い所の湖にポンプで持ち上げ、朝の電車が多く走る需要期に水を落として発電する揚水発電が行われています。筆者は約40年前にスキー場にK社の大型ソーラーパネルをもった建物を設計しましたが、鉛蓄電池を大量に置くスペースをつくらねばならず、コストがかかりすぎて計画が頓挫したことがあります。現在はソーラーパネル、蓄電池の性能も格段に上がっていますが、日中の晴天時しか発電できない、電気がためにくいという2点がネックであることに変わりありません。

Q 太陽光発電パネルの南向きでの最適角度は？

A 約30°

緯度によって太陽高度が変わるので、北海道では高角度、沖縄では低角度となります。札幌で**34.8°**、東京で**33°**、大阪で**29.2°**、鹿児島で**27.7°**、那覇で**17.6°**と、緯度±αにするのが最適角度です。これは南面に設置する場合で、東西に向けると約**85%**の発電効率となり、また西面では東面よりも太陽光パネルが熱に弱いせいで、発電効率は低くなります。理想的には季節によって角度を変え、日中はひまわりのように太陽の方向にパネルを動かすのがベストですが、その場合は機械のコストが大きくなってしまいます。

東京では**33°**の片流れ屋根がベストとなりますが、北側斜線制限から、北側隣地側では屋根を低くする必要があることが多いです。そのため北側は斜線制限どおりの傾斜、南側は**33°**の傾斜の片流れ屋根という形が、法規もクリアした理想形となります。実際の敷地は方位が傾いており、なかなかきれいな屋根形にするのは大変です。特に都市内密集地では、設計者は頭を悩ませること必定です。なかでも第一種高度地区では北側斜線の角度がさらに低くなり、非常に厳しい設計条件となります。

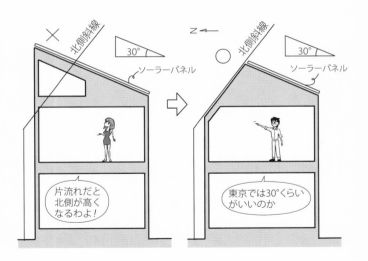

索引

原口秀昭（はらぐち　ひであき）

1959年東京都生まれ。1982年東京大学建築学科卒業、86年修士課程修了。89年同大学院博士課程単位取得満期退学。大学院では鈴木博之研究室にてラッチェンス、ミース、カーンらの研究を行う。現在、東京家政学院大学生活デザイン学科教授。

著書に『20世紀の住宅－空間構成の比較分析』（鹿島出版会）、『ルイス・カーンの空間構成　アクソメで読む20世紀の建築家たち』『1級建築士受験スーパー記憶術』『2級建築士受験スーパー記憶術』『構造力学スーパー解法術』『建築士受験　建築法規スーパー解読術』『マンガでわかる構造力学』『マンガでわかる環境工学』『ゼロからはじめる建築の［数学・物理］教室』『ゼロからはじめる［RC造建築］入門』『ゼロからはじめる［木造建築］入門』『ゼロからはじめる［S造建築］入門』『ゼロからはじめる建築の［法規］入門』『ゼロからはじめる建築の［インテリア］入門』『ゼロからはじめる建築の［施工］入門』『ゼロからはじめる建築の［構造］入門』『ゼロからはじめる［構造力学］演習』『ゼロからはじめる［RC＋S構造］演習』『ゼロからはじめる［環境工学］入門』『ゼロからはじめる［建築計画］入門』『ゼロからはじめる建築の［設備］演習』『ゼロからはじめる［RC造施工］入門』『ゼロからはじめる建築の［歴史］入門』『ゼロからはじめる［近代建築］入門』（以上、彰国社）など多数。

ゼロからはじめる　建築の[設備]教室　第2版

2010年 3 月10日　第 1 版　発　行
2024年 7 月10日　第 2 版　発　行

著　者　原　　口　　秀　　昭

発行者　下　　出　　雅　　徳

発行所　株式会社　彰　国　社

162-0067　東京都新宿区富久町8-21

電　話　03-3359-3231(大代表)

振替口座　00160-2-173401

著作権者と
の協定によ
り検印省略

自然科学書協会会員
工 学 書 協 会 会 員

Printed in Japan

© 原口秀昭　2024年

印刷：三美印刷　製本：中尾製本

ISBN 978-4-395-32207-7　C3052　　https://www.shokokusha.co.jp